HANNOVER

IST DIE SCHÖNSTE STADT DER WELT

... selbst wenn das nicht
so sein sollte – ich
wünsche Dir und Deiner
Familie eine schöne, glückliche
Zeit in Niedersachsen

Grußwort

Hannover ist die schönste Stadt der Welt! Eine Behauptung, die zu beweisen ist. Als Oberbürgermeister freut man sich natürlich über solch einen Buchtitel. Die eigene Stadt ist vielen die schönste und beste. Aber der vorliegende Bildband liefert reichlich Argumente, warum das tatsächlich so ist: Hannover mal pulsierend, mal verträumt, mal innovativ und modern, mal historisch. Mal von oben aus der Vogelperspektive und auch schon mal von unten. Stets aber »von innen«. Denn die Fotos stammen von einem Insider, von einem Hannoveraner, der den Blick für die richtigen Orte, Plätze und Situationen hat. Auch der Autor und der Grafiker sind hannoversche Jungs. Zusammen haben sie ein lebendiges Mosaik geschaffen, das Hannover zeigt, wie es ist: vielschichtig und überraschend, weltoffen und freundlich, modern und voller Leben.

Wer Hannover nicht kennt, staunt über dieses Buch und wird neugierig. Sieht so eine Stadt aus, die Unwissende bisweilen mit dem Wort »langweilig« in Verbindung gebracht haben? Das muss eine andere Stadt sein! Wer Hannover kennt, staunt ebenfalls und wird noch neugieriger. Denn mit Sicherheit entdecken auch Kenner hier noch ganz unbekannte Seiten, Ansichten und Einsichten.

Eine Stadt ist nicht nur eine Stadt, nicht nur eine Ansammlung von Straßen und Gebäuden. Eine Stadt ist auch Heimat. Im Falle von Hannover für weit mehr als eine halbe Million Menschen. Ob waschechte Hannoveraner oder Zugezogene, sie alle prägen diese Stadt, sie alle sind Hannover. Einige von ihnen sind in diesem Buch zu sehen: bei der Arbeit, in Alltagssituationen, in der Freizeit. Das macht dieses Buch zu etwas Besonderem, hier sind nicht nur bloße »Sehenswürdigkeiten« abgebildet. Denn was nützt die schönste Stadt, wenn man sich nicht wohl fühlt und das Lebensgefühl nicht stimmt? Dass die Hannoveraner sich in ihrer Stadt sehr wohl fühlen, wird durch Umfragen immer wieder bewiesen. Warum sie das tun, kann man auf den folgenden Seiten sehr gut erahnen. Und erleben kann man es, wenn man ganz einfach nach Hannover kommt. Vielleicht bleibt man dann sogar gleich hier.

Stephan Weil
Oberbürgermeister

HANNOVER

IST DIE SCHÖNSTE STADT DER WELT

Karl Johaentges > Fotografie

Udo Iwannek > Text

Michael Narten > Gestaltung

KaJo-Verlag

arena
AWD arena

Vorwort

»Hannover ist die schönste Stadt der Welt!« skandieren die 96-Fans seit Jahren im Stadion. Sie haben längst erkannt, woran Auswärtige gelegentlich noch zweifeln. Ihr Vorteil: Sie kennen Hannover.

Zugegeben, Sydney, Hongkong oder Paris sind auch schön. Touristisch gesehen vielleicht sogar noch schöner. Aber Hannover! Ob man Hannover schön findet oder nicht, kommt darauf an, wie man Hannover kennt. Oder ob man hier wohnt. Wer hier wohnt, ist von der Stadt begeistert. Die Gebürtigen sowieso, aber so richtig erst schwelgen Zugezogene. Selbst wenn sie aus den ausgewiesenen Großstädten und Trendsettern wie Hamburg oder München hierher kamen, erkennen und erleben sie in erstaunlich kurzer Zeit, was Hannover »zur schönsten Stadt der Welt« macht. Ob es die Gärten und Parks sind, die Wasserzonen, die Vielfalt der gewachsenen Wohnviertel, das Kultur- und Sportangebot: Hannover verbindet die Attraktionen einer Großstadt mit den Liebenswürdigkeiten einer Kleinstadt. Hannover bietet (fast) allen (fast) alles.

Es sind aber nicht nur Juwelen wie die Herrenhäuser Gärten, der Erlebnis-Zoo oder das Sprengel Museum, die Alt- und Neu-Hannoveraner schwärmen lassen. Hinzu kommt die Alltagsqualität der Stadt: ihre bequem kurzen Wege zwischen Wohnen, Arbeit und Freizeit, ihre exzellente und umweltfreundliche Verkehrsinfrastruktur, ihre Sozialeinrichtungen vom Kinderladen bis zur Senioren-WG – und das alles zu Mietpreisen, von denen man in München oder Frankfurt nur träumen kann. Dazu die zentrale Lage mitten in der Republik. Sollte ein Popstar oder ein Konzertkünstler einmal nicht in Hannover auftreten (was die Ausnahme ist), dann schaut man sich ihn eben in Hamburg oder Berlin an und ist mit der Bahn in eineinhalb Stunden wieder zuhause.

Wäre da nur nicht dieses notorisch schlechte Image von Hannover, stöhnen die Marktforscher, Tourismusberater und Chefredakteure dieser Republik. Hier gilt: Es gibt nichts Gutes, außer man tut es! Es hat keinen Sinn, solange über eine Image-Misere zu jammern, bis auch der letzte Hannover-Fan entmutigt ist.

Gefragt sind Selbstvertrauen und Menschen, die tatkräftig selbst ihr Stück schönes Hannover verwirklichen und die mit ihrem Optimismus auch andere anstecken. Nur so kommt Hannover aus dem sauer gewordenen Quark der uralten und langweiligen Vorurteile über die Stadt. Nach wie vor werden sie aus den staubigen Archiven gekramt.

Kurz: Wir Hannoveraner lieben unsere Stadt. Wir wissen, dass sie die Schönste ist. Wer (von den Auswärtigen) da Zweifel haben sollte: Bitte blättern Sie in unserer Liebeserklärung aus Wort und Bild. Und dann besuchen Sie uns. Wer weiß, ob Sie dann überhaupt noch weg wollen...

Karl Johaentges
Udo Iwannek
Michael Narten

JUWELIER
KUYUMCU
ORIENT 2
goethe studio
hifi studio
goethe studio
ASTRA

Blockierte Straßenbahnen: Bilder aus den Juni-Tagen des Roten Punkts 1969.

Seite 6: In der Goethestraße, gleich neben den Gebäuden der einstigen königlichen Wagenremise, dreht sich lässig und silbern glänzend der achtstöckige Gehry-Tower des amerikanischen Stararchitekten Frank O. Gehry zum Steintor hin.

Der Tag, der Hannover veränderte

Der 12. Juni 1969 sollte eigentlich ein ganz normaler Schultag werden. Morgens um halb acht wanderten mein Bruder und ich wie jeden Morgen die lange Straße Auf dem Rohe hinunter, dann quer über den Oberricklinger Marktplatz, wo die Stadtbibliothek lag, in der ich als Bücherwurm meinen heutigen Nachmittag zu verbringen gedachte, und wo mir meine Mutter freitags beim Fischhändler einen Rollmops kaufte. An der Straßenbahnhaltestelle Wallensteinstraße mussten wir die Linie Sieben oder Vierzehn nehmen, die uns durch Unterricklingen zum Schwarzen Bären fuhr, von wo uns der Bus der Ringlinie über den Lindener Berg zur Realschule brachte, die wir beide besuchten.

Aber an diesem 12. Juni 1969 war alles anders. Es dauerte zehn, vielleicht fünfzehn Minuten, die wir, den Schulranzen zwischen die Beine gestellt, an der Haltestelle verbrachten. Wir begannen, uns umzusehen, und auch die anderen wartenden Fahrgäste wurden unruhig. Dem dichten Takt zufolge, in dem die beiden Linien hier verkehrten, hätten wir längst in der Straßenbahn sitzen müssen. Aber die Bahn kam an diesem Tag nicht. Das war unerhört. Das war noch nie geschehen.

Noch hatte niemand aus der Gruppe der wartenden Fahrgäste, die sich – gestrandet an dieser unbedienten Haltestelle – in eine Schicksalsgemeinschaft zu verwandeln begann, das Wort ergriffen. Noch hoffte jeder im Stillen, eine Amtsperson würde erscheinen. Ein Straßenbahn-Bediensteter der Hannoverschen Verkehrsbetriebe Üstra in Uniform, der uns mit einer Ansage, einer Bekanntmachung aus der Ungewissheit erlöste, der uns anwies, ruhig zu bleiben und auf die verspätete Bahn zu warten. Aber es kam niemand in Uniform.

Stattdessen fuhr über den Ricklinger Stadtweg aus der Innenstadt her ein alter Renault vor, ein rostroter R 4. Er hielt mitten auf der Wallensteinstraße. Eine Frau stieg aus und kam auf die Haltestelle zu – und so eine Frau hatte ich noch nie gesehen.

Sie war eindeutig viel älter als die Mädchen in unserer Schule, selbst als die ältesten aus der zehnten Klasse. Und sie war auf jeden Fall viel jünger als meine Mutter. Trotz des Frühsommers trug sie einen Pelzmantel. Keinen Kamelhaarmantel wie der, den meine Mutter sonntags zur Kirche trug, sondern einen offenen Umhang aus verschiedenen Flecken. Verwegen sah sie damit aus. Verwegen wie eine Freibeuterin der Meere. Verwegen wie eine Gestalt aus den Büchern, die ich nachmittags in der Stadtbibliothek am Oberricklinger Marktplatz verschlang. Offen wie ihren Mantel trug sie auch die Haare: eine wilde rote Mähne. So eine Frisur hatte ich auch noch nie gesehen.

Auf halbem Weg zur Haltestelle sprach sie uns an: »Hört mal alle her! Hier fährt heute keine Bahn. Die Studenten und Arbeiter in Hannover haben aus Protest gegen die Fahrpreiserhöhungen die Gleise am Steintor besetzt. Hier fährt heute gar nichts mehr.«

Die Straßenbahnfahrer sind ratlos, weil festgefahren. Die Hannoveraner organisieren selbst: durch Privatautos mit dem roten Punkt.

Die Fahrgäste, irritiert und verlegen, schauten zu Boden oder zur Seite. Offenbar sollten sie hier politisch agitiert werden. Sie wollten aber nur weg von dieser Haltestelle. So wie jeden Morgen: in die Schule, ins Büro, ins Kaufhaus. Auf diese Ansprache waren sie nicht vorbereitet.

Die Frau stand jetzt mitten unter uns, stemmte ihre Fäuste in die Seiten ihres exotischen Pelzmantels. »Leute, das wird so nichts. Ihr steht hier heute Abend noch, wenn wir nicht selbst was unternehmen. Also der Verkehr wird jetzt von uns selbst organisiert, so lange wir die Straßenbahn boykottieren.«

Abrupt drehte sie sich um und stellte sich auf die Straße. Mit beiden Armen winkend hielt sie das erstbeste Auto an, das die Haltestelle passieren wollte. Ein silberner Ford bremste. Der Fahrer, ein vielleicht Sechzigjähriger in lodengrüner Jägerkleidung, schaute verschreckt zu der Frau auf, die ihm mit einer Kurbelbewegung zu verstehen gab, er solle sein Seitenfenster herunterdrehen. Er öffnete es einen Spalt breit.

»Hallo, die Üstra fährt nicht. Die wird boykottiert. Wie viele Plätze haben Sie? Können Sie jemanden mitnehmen?« Der Fahrer schüttelte entgeistert den Kopf, schloss das Fenster wieder und gab Gas. Sofort stoppte die Rothaarige das nächste Auto, einen grünen VW-Käfer. Zwei junge Männer saßen vorne.

»Wo fahrt ihr hin? In Richtung Innenstadt? Bis zum Kröpcke?« Sie drehte sich zu den Wartenden um. »Hier gibt's zwei Plätze bis zum Kröpcke!« Die Wartenden schauten betreten bis fassungslos beiseite. Eine Frau schüttelte den Kopf. Zu fremden Leuten ins Auto steigen, das fehlte noch.

Unsere Boykottführerin ließ nicht ab und nahm meinen Bruder und mich aufs Korn. »He, ihr zwei! Ihr müsst doch zur Schule, oder? Wo ist die?« Ich murmelte meine Antwort. Und sie steckte den Kopf wieder in den Käfer. »Könnt ihr einen kleinen Umweg machen?« Die Männer im Käfer nickten. Der Beifahrer stieg aus, klappte seinen Sitz vor und hielt uns die Tür auf.

Die Aussicht auf eine unverhoffte Autofahrt ließ meinen Bruder und mich nicht lange zögern. Das letzte Fahrzeug, das mein Vater gefahren hatte, musste ein Kübelwagen auf Hitlers Russland-Feldzug gewesen sein, denn im Auto fuhren wir nur, wenn die Verwandten meiner Mutter aus Bottrop mit ihrem Opel Rekord zu Besuch da waren. Autofahrten waren seltene, aufregende Ereignisse. Während ich auf die Rücksitzbank des Käfers kletterte, hörte ich von draußen die Frau im Pelzmantel: »Also Leute, ich muss jetzt weiter zu den anderen Haltestellen, die Selbsthilfe organisieren. Ihr habt ja gesehen, wie es geht. Fragt einfach die Autofahrer, ob sie euch mitnehmen. Passt mal auf: Wir verteilen überall in der Stadt diesen roten Punkt hier. Jeder Autofahrer, der Leute mitnehmen will, klebt sich den in die Windschutzscheibe. Diese Autos könnt ihr dann anhalten ...«

Unser Käfer fuhr los, und ich spürte ein Kribbeln im Bauch. Dass ich die nächsten Tage mit zahllosen Fahrten in fremden Autos zubringen durfte, wurde mir noch nicht klar. Ich spürte nur eine unbestimmte Erregung, wie ein Versprechen. Wir brachen auf: mein Bruder und ich in dem Käfer und um uns herum die ganze große Stadt.

Wenn ich heute an diesen Tag zurückdenke, dann wird mir klar, dass am 12. Juni 1969 das neue Hannover begonnen hat.

Blick von Linden-Mitte über den Schwarzen Bär hinüber zum Rathaus.

Unten: Die »Ricklinger Seenplatte« der Maschauen, eine der grünen Zungen, die tief bis in die City vorstoßen.

Hannover ist die schönste Stadt der Welt

Wer Hannover vor 15 Jahren aus der Dachperspektive sehen wollte, musste noch Genehmigungen einholen, Hausmeister überreden, auf staubige Böden steigen, durch Luken klettern und seine Höhenangst überwinden. Heute, im Zeitalter totaler Kommunikation und Information, braucht man keine Umstände mehr zu machen, um Hannover auf den Kopf zu spucken. Die Dateningenieure von Google im kalifornischen Silicon Valley haben aus zigtausenden von Satellitenaufnahmen einen virtuellen Globus gebastelt, den man via Internet drehen und wenden, überfliegen und besuchen kann – die »Google Earth«. Wer nicht lange suchen will, gibt einfach die Koordinaten des hannoverschen Hauptbahnhofs ein: 52 Grad 22 Minuten 33,69 Sekunden nördlicher Breite und 9 Grad 44 Minuten 26,04 Sekunden östlicher Länge.

Der virtuelle Globus dreht sich mit sanftem Schwung von Amerika weg nach Osten und bleibt über Mitteleuropa stehen. Ein Klick auf die Abwärts-Taste, und wie am Fallschirm gleiten wir tiefer und tiefer Richtung Deutschland. Der Höhenmesser lässt die Zahlen rückwärts schnurren, von 6.000 Meilen Höhe bis auf 1.000 Fuß hinab. Städtenamen blinken rot auf: Berlin, Hamburg, Frankfurt, und schließlich Hannover. Da liegt es, am nördlichsten Rand der deutschen Mittelgebirge, und es blickt in die norddeutsche Tiefebene hinein. Ein Besucher aus Zimbabwe, einem Land, in dem Wasser das kostbarste Gut ist und ohne dessen Hilfe dem kargen Boden nicht das kleinste Stückchen Grün abgerungen werden kann, bezeichnete Hannover einmal als »eine einzige, gewaltige grüne Flamme«. Er konnte sich nicht satt sehen an der üppigen Verschwendungssucht, mit der die Natur Hannover in einem feucht-warmen Sommer aus jedem Stückchen Erde Grün wuchern ließ – ein Paradies der Vegetation, verglichen mit seiner ewig staubigdurstigen afrikanischen Heimat.

Hannover schottet sich nicht ab gegen seine ländliche Umgebung, sondern scheint an seinen Rändern in die Natur zu zerfließen. Die Leineauen im Süden ziehen sich hoch bis zum Maschsee, die Wälder der Eilenriede beginnen kurz hinter dem Bahnhof, und an der schnurgeraden Allee nach Herrenhausen mit ihrer doppelten Baumreihe erstrecken sich links und rechts die Parks und Gärten. Dazwischen die ziegelroten Dächer der Stadtteile: Oststadt, Nordstadt, Südstadt und Linden, gegliedert in die Quadrate ihrer Höfe, und durchzogen von den Achsen der Hauptstraßen – Lister Meile, Engelbosteler Damm, Limmerstraße und Hildesheimer Straße. Türkis leuchten die Dächer der historischen Bauten im Zentrum: das Opernhaus, das Leineschloss, die Kuppel des Anzeiger-Hochhauses. Und die grau-

braunen Flachdächer der Betonbauten aus den siebziger Jahren, das Kröpcke Center oder das Ihmezentrum, sehen von oben aus wie achtlos gefüllte Zahnstümpfe.

So still und friedlich, wie Hannover aus der Höhe wirkt, fällt es schwer zu glauben, welcher Medienkrieg rund um die Stadt tobte, als sie sich vorbereitete, Gastgeber der ersten Weltausstellung in Deutschland zu werden. Man stelle sich vor: Eine Weltausstellung in Hannover – hohoho, dröhnte es in den Redaktionskonferenzen der mächtigen Medienhäuser zu Hamburg, Berlin und München. Und dann gab es Dresche für den kleinen Landeshauptstadtbruder, dass es nur so krachte.

Mobilität auf Schienen wird in Hannover groß geschrieben, ob nun wie hier im Bild auf den Linien der Üstra oder dem Schienennetz der Deutschen Bahn, Hannoveraner sind gut verbunden.

Statt nach Hannover bemühten sich die Schreiber von Welt, Spiegel, FAZ und Zeit erstmal ins Archiv und schütteten die Hängeordner alter Artikel auf ihrem Schreibtisch aus. Die Kronzeugen für Hannovers angebliche Mittelmäßigkeit waren darin schnell gefunden: »Schlechtes Klima, keine Landschaft, flach alles, riesig öde« (Gottfried Benn), »das Paradies des Mittelstandes, der Bemittelten und jeder Mittelmäßigkeit« (Theodor Lessing), »zum Bersten langweilig« (Karl Marx), »eine Autobahnabfahrt zwischen Göttingen und Walsrode« (Harald Schmidt). Die wenigen Journalisten, die persönlich nach Hannover reisten, schafften es offenbar nur vom Bahnhof bis zum Kröpcke und zurück: »Seit den Siebzigern gilt die (...) in den Untergrund abgesenkte vermeintliche Einkaufsmeile ›Passerelle‹, die bald ›Pisserelle‹ hieß, als größte Grässlichkeit neuerer Stadtplanung« (Süddeutsche Zeitung). Da kann man natürlich nur noch in den ICE nach München klettern und verduften.

Kein Klischee blieb ungenutzt: »Langweilig, provinziell, hässlich, grau, spießig, 08/15« (Die Tageszeitung), »im Zweiten Weltkrieg platt gebombt und dann in Hektik wieder aufgebaut« (Handelsblatt), »ein Vakuum, ohne denjenigen, der saugt« (Süddeutsche Zeitung), »das Gegenteil von Sommer. Von Urlaub.« (Berliner Zeitung), »Regen. Hannover hat häufig schlechtes Wetter« (Der Tagesspiegel).

In einer interessanten Studie hat »Aserto«, ein hannoversches Büro für Kommunikationsanalysen, den Kern dieser Art von Berichterstattung als den »Negativ-Mythos« von Hannover bezeichnet. Das trifft es genau: Ein Mythos ist kein Ergebnis von eigener Anschauung und Recherche, er ist ein sich ständig selbst erneuerndes Luftbild. Wenn alle schlecht über Hannover reden, muss ja etwas daran sein, dann braucht man nicht mehr selbst hinschauen, sondern darf es – wie die anderen – auch ungeprüft hinschreiben und den Chor der Miesmacher verstärken. Es ist dieser Herdentrieb der Medien, der oft einen Trend macht und ein Image prägt: Einer schreibt vom anderen ab.

Was all die Hannover-Verächter aus den Glitzermetropolen Deutschlands, in denen es nie regnet und in denen es keine Nachkriegsbausünden gibt, mit ihrem »Hannover-Bashing« demonstriert haben, ist die deutsche Erbkrankheit namens Kleinstaaterei, nach dem Krieg verharmlosend als Föderalismus bezeichnet. Kleinmütig ist es, wenn Hamburger Schreiber, deren Horizont südlich von Harburg endet, Deutschlands Weltausstellung mies machen, nur weil sie nicht an der Alster stattfindet. Kleingeistig und provinziell ist es, wenn Münchner Journalisten der Neid auf die Expo-Gewinner im Norden wie Bierschaum an den Lippen klebt.

Die Hetzkampagne der Süddeutschen gegen Hannover ging zuletzt sogar der taz auf den Wecker: »Auf Hannover einzuprügeln ist wohlfeil und stupide – die Süddeutsche zum Beispiel soll ein eigenes Ressort dafür haben ...« (1. Juni 2001). In der Tat gab der Korrespondent der Süd-

Sonnenaufgang über dem Neuen Rathaus.

Unten: Blick über Hannovers Ausflugswasser Nummer Eins, den Maschsee.

deutschen in Hannover beim Bier schon einmal zu, er hätte ja ganz gern über die eine oder andere Attraktion der Expo geschrieben, aber mit so einem Stück habe er der Redaktion in München erst gar nicht zu kommen brauchen.

Lange Zeit haben es die Hannoveraner in ihrer Verzweiflung über soviel Boshaftigkeit in der Welt mit einem »Ja aber…« versucht. Es ist doch gar nicht alles hässlich in Hannover. Hier haben auch kluge Menschen gelebt. Und so weiter, und so fort. Solche Abwehrreaktionen helfen nicht, sie machen alles noch schlimmer. Am Ende ist man dann, wie Hannovers großer Komödiant Dietmar Wischmeyer gewarnt hat, »die weltgrößte Provinz der Welt«.

In Wahrheit ist Hannover nicht etwa viel weniger hässlich – nein –, Hannover ist schöner als die anderen deutschen Städte. Und mehr: Hannover ist die schönste Stadt der Welt.

Man nehme nur die landschaftsgärtnerische Pracht der hannoverschen Parks zum Vergleich. Die einzige nennenswerte Grünanlage Frankfurts beispielsweise ist ein zirca 15 Meter breiter Streifen rechts und links des Mains, der überwiegend als Hundeklo genutzt wird. Der Berliner Tiergarten scheidet wegen permanenter Totalüberfüllung der dort aufgestellten Abfallbehälter aus jeder Schönheitswertung aus, der Englische Garten in München wird oberhalb von 18 Grad Celsius von Exhibitionisten okkupiert, und die Außenalster in Hamburg ist sicherlich ein schöner Anblick, aber leider nur für die Eigentümer der Luxusimmobilien auf den Wassergrundstücken der Stadtteile Harvestehude, Winterhude und Uhlenhorst.

Über die mitunter monströse Hässlichkeit anderer deutscher Städte sei hier der Mantel des Schweigens gebreitet.

Der Ruhm, die ersten gewesen zu sein, die der Schönheit Hannovers gerecht geworden sind, gebührt übrigens den Anhängern des Hannoverschen Sportvereins von 1896 e. V., und zwar in der Bundesligasaison 2003/2004. Der tschechische Vertragsfußballer Jan Simak hatte die Stadt in einem Zeitungsinterview als »öde und hässlich« bezeichnet. Kurze Zeit später verließ er Hannover und verfiel in seiner böhmischen Heimat so heftigen Depressionen, dass er seinen Beruf beziehungsweise die dazugehörigen Schuhe an den sprichwörtlichen Nagel hängen musste.

Die Fußballanhänger studierten daraufhin einen Choral ein, der bis heute während der Spiele im weiten Stadionrund erklingt: »Hannover ist die schönste Stadt der Welt«. So ist das, und das restliche Deutschland wird es hinnehmen müssen.

Kunst im öffentlichen Raum: die Figurengruppe »Etude« von Eugène Dodeigne (links) und »Genesis« von Matschinsky-Denninghoff (rechts) an der Skulpturenmeile am Königsworther Platz.

Hannover zwischen Straßenkunst und Waschbeton

Als die Fernsehbilder noch schwarzweiß waren, saß unsere Familie im September 1966 alle 14 Tage sonnabends vor dem Bildschirm und verfolgte die Abenteuer des Raumschiffs Orion. Wir gingen gemeinsam mit Major Allister McLane, dem Kommandanten des Schnellen Raumkreuzers, und seiner Mannschaft auf Raumpatrouille. Wir hielten den Atem an, wenn Leutnant Helga Legrelle die Raumkoordinaten in den Computer eingab und Maschinenoffizier Hasso Sigbjörnson die »schlafende Energie« weckte, um die »Frogs« zu bekämpfen und die Erde zu retten. Die ganze Optik dieser ersten Science-Fiction-Serie im deutschen Fernsehen war eine einzige Revolution – die Einrichtung der Orion, die Anzüge der Akteure, das Starlight Casino, in dem sich die Mannschaft am Ende jeder Folge von ihren Abenteuern erholte: Das alles war die Zukunft, die soeben begonnen hatte.

Ein Jahr später, am 25. August 1967, drückte Willy Brandt, damals noch Vizekanzler in einer Großen Koalition von CDU und SPD, während der Internationalen Funkausstellung in Berlin auf einen Roten Knopf und schaltete das Farbfernsehen ein. Die Welt war auf einmal bunt: »Der goldene Schuss« im ZDF, der »Galaabend der Schallplatte« in der ARD, und in der ersten bunten Fernsehserie spielte Hans Reineke »Adrian der Tulpendieb«.

Auch Hannover sollte bunter werden. »Die Unwirtlichkeit der Städte« hatte Alexander Mitscherlich schon 1965 beklagt. Der Rat beschloss am 27. Mai 1970 ein drei Millionen Mark teures dreijähriges »experimentelles Straßenkunstprogramm«: »Es soll versucht werden, das Lebensgefühl in einem zunächst begrenzten Stadtbereich durch intensive Einbeziehung von Kunstwerken und Kunstaktionen in den öffentlichen Straßenraum zu verändern und zu steigern«, so der damalige Stadtdirektor Martin Neuffer. In die Stadt sollte die Kunst als »neue Erlebnisdimension« einziehen, um sie so humaner zu machen. Neuffer schwärmte von der Vision, die Stadt mit Kunstwerken so voll zu stopfen wie mit Bäumen. Man wollte die Stadt damit nicht dekorieren, sondern das Bewusstsein ihrer Bürger erweitern.

Nach der Studentenrevolte der späten Sechziger hatte die Bundesrepublik zu Beginn der Siebziger Jahre eine Aufbruchstimmung erfasst. In Hannover war mit der »Roten-Punkt-Aktion« ein studentisch initiierter Protest gegen Fahrpreiserhöhungen auf breite Zustimmung der Bevölkerung gestoßen und hatte zur Kommunalisierung der städtischen Verkehrsbetriebe Üstra und zur Einführung eines Einheitstarifes geführt. Nachdem die Straßenbahngleise aus Protest gegen die höheren Fahrpreise blockiert worden waren, hatte die Üstra ihren Betrieb in dem Glauben eingestellt, die Stadt dadurch unter Druck setzen und die Protestler in die Knie zwingen zu können. Doch stattdessen klebten sich alle Auto fahrenden Hannoveraner, die Fahrgäste mitnehmen wollten, einen roten Punkt hinter die Windschutzscheibe. Die Mitfahraktion wurde ein Riesenerfolg. Noch nie waren die Hannoveraner so schnell zu Werkstatt, Büro und Schule gekommen, die Üstra – damals noch im Privatbesitz – musste klein beigeben und wurde verstaatlicht.

Die Straße, Schauplatz des studentischen Aufstandes und Symbol einer selbstbestimmten Öffentlichkeit, spielte in dieser Aufbruchsbewegung eine wesentliche Rolle. Auf die Straße zu gehen, bedeutete öffentlich zu protestieren gegen die vermuffte und verspießte Nachkriegsgesellschaft, die eine Gesellschaft der Nichtöffentlichkeit, des Verdrängens und Verschweigens der NS-Zeit war. Es lag in der Logik des gesellschaftlichen Aufbruchs, auch die Kunst aus den Museen zu holen, sie der Obhut einer elitären Kunstelite zu entreißen und in den gesellschaftlichen Diskurs zu stellen. Oder wie Neuffer damals überzeugend argumentierte: Der Zoo wird nicht nur von Zoologen und der Botanische Garten nicht nur von Botanikern besucht – warum sollte die Kunst dann nur die Kunstsachverständigen etwas angehen?

Betontristesse am Küchengarten, die wenig genutzte Brücke zum Ihmezentrum.

Unten: Eine der drei Nanas von Niki de Saint Phalle am Hohen Ufer.

Initiatoren des damals bundesweit einmaligen Straßenkunstprojekts, über das Presse, Rundfunk und Fernsehen deutschlandweit und intensiv berichteten, waren Mike Gehrke – der bereits seit einigen Jahren den Flohmarkt am Hohen Ufer etabliert und in dessen Umfeld sich in der Altstadt eine Kneipen- und Clubszene entwickelt hatte – und der damalige Direktor des Kunstvereins und künstlerischer Leiter des Projekts, Manfred de la Motte. Das Projekt begann mit einigen unübersehbaren Plastiken: dem Glasturm aus roten Quadern hinter dem Neuen Rathaus, den an verschiedenen Fassaden aufgehängten bunten Klötzen von Roland Goeschl, dem Mobile aus metallenen Halbkugeln von Hein Sinken vor dem Opernhaus und der Skulptur aus verspannten Stahlrohren von Kenneth Snelson auf dem Waterlooplatz – vom Volksmund bald »Hopfenstangen« getauft. Einiges davon ist heute noch zu sehen, etwa auf der Skulpturenmeile zwischen dem Niedersächsischen Landtag und den Herrenhäuser Gärten, wo der Galerist und Kunstsammler Robert Simon die Tradition der Straßenkunst in Hannover fortsetzt. Auch die neun über das ganze Stadtgebiet verteilten »BUSSTOPS«, von internationalen Künstlern und Designern 1994 gestaltete Haltestellen, stehen in der Nachfolge der Straßenkunst der Siebziger.

Mehr als 160 Kunstwerke im öffentlichen Raum von Hannover zählte die Hannoversche Allgemeine Zeitung im Sommer 2005, als sie in einer Serie unter der Überschrift »Kann das hier weg?« einzelne Werke unter die kritische Lupe nahm. In der Tat ist nicht alles, was heute an Kunst in Hannover steht, von hoher Qualität, manches wirkt wie vom Zeitgeist der Siebziger vergessen und stehen gelassen. Aber dass die Hannoveraner auch heute noch – 35 Jahre nach dem Beginn des Straßenkunstprojektes – mit Leidenschaft über ihre Stadtkunst streiten und diskutieren, zeigt, dass sie an ihr Anteil nehmen und sie nicht als bloße Dekoration des öffentlichen Raums gering schätzen.

Die heißesten Kontroversen – man mag es heute kaum noch glauben – entzündeten sich 1974 an den Nanas der in Frankreich geborenen Amerikanerin Niki de Saint Phalle. Als bekannt wurde, dass die Stadt beabsichtigte, die drei voluminösen comicstripbunten Frauenfiguren aus Polyester zu kaufen und am Leineufer – vis-à-vis der Altstadt – aufzustellen, machte das konservative Lager in Hannover mobil, bombardierte die Tageszeitungen mit Leserbriefen und sammelte Tausende von Unterschriften gegen die Nanas. Es war vor allem die provokant und aggressiv herausgestellte Weiblichkeit der Nanas, ihre ins Riesenhafte vergrößerten Brüste und Hintern, an denen sich die Konservativen störten. Als sich dann auch noch herausstellte, dass die Künstlerin mit den Nanas drei Frauenfiguren der hannoverschen Geschichte symbolisieren wollte, war der Skandal perfekt.

Eine der Figuren stellt Charlotte Buff-Kestner dar, in die sich Goethe so unsterblich wie unglücklich verliebt hatte, was ihn zu seinem ersten Roman »Die Leiden des jungen Werther« inspiriert hatte. Nach ihrer Heirat mit dem Hannoveraner Johann Christian Kestner wurde sie bald als die »Lotte« aus Goethes Buch identifiziert – ein Tratschthema ersten Ranges in Hannovers besten Kreisen des 18. Jahrhunderts. Charlottes Sohn August, ein leidenschaftlicher Sammler, legte den

»Niki & Jean – L'art et l'amour«: gemeinsame Kunstprojekte des Künstlerpaares de Saint Phalle und Tinguely zeigt eine Ausstellung im Sprengel Museum.

Grundstock für die antiken Schätze des hannoverschen Kestner-Museums. Die zweite Nana stellt Caroline von Herschel dar, die erste Frau, die in der Astronomie Anfang des 19. Jahrhunderts Anerkennung fand. Die dritte im Bunde ist die Kurfürstin Sophie von Hannover, die den Philosophen Leibniz an den hiesigen Hof holte und Herrenhausen zur Sommerresidenz mit dem prächtigen Großen Garten ausbauen ließ.

Die lautstarken Proteste gegen die Nanas nutzten nichts. Heute sind die Frauenfiguren ein hannoversches Wahrzeichen wie das Rathaus und der Maschsee und fehlen auf keiner Postkartensammlung. Niki de Saint Phalle blieb Hannover Zeit ihres Lebens eng verbunden, wurde Ehrenbürgerin der Stadt, und übereignete im Jahr 2000 dem Sprengel Museum 300 ihrer Kunstwerke. Mit dem Innenausbau der Grotten in Herrenhausen beschäftigte sie sich bis kurz vor ihrem Tod 2002. Heute trägt die Passerelle zwischen Kröpcke und Hauptbahnhof ihren Namen.

Straßenkunst begann in Hannover vor allem mit dem ersten (und heute noch legendären) Altstadtfest am letzten Augustwochenende 1970. Mit täglich rund 100.000 Besuchern – einem Fünftel der gesamten Einwohnerschaft – nahmen die Hannoveraner das Straßenkunstprojekt mit offenen Armen auf. Es waren weniger die neuen Skulpturen, zu denen wegen des gewaltigen Menschenandrangs nur die wenigsten Besucher durchdringen konnten, als vielmehr die zahlreichen Aktionskünstler, die die ausgelassene und neugierige Atmosphäre dieses unvergesslichen Festes prägten.

»Babbelplast« nannte Klaus Göhling seine luftgefüllten Objekte aus Polyvinylchlorid-Folie, die aussahen wie riesige silberne Bettwürste, auf denen Kinder herumhüpften und die von der Menschenmenge durch die engen Gassen geschoben wurden – eine davon quetschte sich auch durch die Türen einer Altstadtkneipe, als wolle sie die ganze Kaschemme zum Platzen bringen. Eine Eventstructure-Research-Group aus Holland baute die »Watertube« – eine Plastikröhre, durch die man ohne zu schwimmen von einem Maschseeufer an das andere steigen konnte. Die Straßentheatergruppe »The other Company« vom »Inter-Action-Trust« aus London marschierte in Superman-Kostümen und mit Megafonen um den Beginenturm und gab britischen Nonsens zum Besten.

An diesem Augustwochenende entstand ein neues Lebensgefühl in Hannover. Als 14-Jährige hockten wir abends auf der Wiese am Leineufer und wippten unsere Köpfe zu den Rhythmen der hannoverschen Rockband Eloy. Selbst den nachfolgenden elterlichen Anschiss wegen grober Verletzung der heimischen Bettzeiten überstanden wir – innerlich lächelnd – an Geist und Seele unversehrt. Stubenarreste gehen vorüber. Wir waren dabei gewesen – und so was bleibt für immer.

Es wurde in Hannovers Siebzigern nicht nur Kunst installiert und gefeiert, es wurde auch gebaut. In keinem anderen Abschnitt ihrer Geschichte hat sich die Stadt baulich so stark verändert wie in diesem Jahrzehnt. Verändert zum besseren? Wohl kaum. Beispiele gefällig? Passerelle, Kröpcke Center, Bredero Hochhaus, Ihmezentrum, dazu die neuen Hochhaussiedlungen im Roderbruch und auf dem Mühlenberg. In einer Stadt, die einmal stolz auf ihren gebrannten Ziegel war, mit dem Fritz Höger Meisterwerke wie das Anzeiger-Hochhaus geschaffen hatte, hielt ein neuer Werkstoff Einzug: Beton. Ob das Parkhaus an der Osterstraße, das Sparkassen-Gebäude gegenüber vom Alten Rathaus oder die Niedersächsische Landesbibliothek: Überall in Hannover wuchsen Beton-Gebäude. Ohne Rücksicht auf Baumaterial und -stil der Nachbarschaft, ohne Dialog mit der unmittelbaren Umgebung, ohne Rücksicht auf traditionelle Traufenhöhen und Dachlandschaften.

Ein Ort für Sprüher: die Betonbrücke zum Ihmezentrum.

Rechts: Waschbeton vom Brutalsten – das Kröpcke-Center.

Unten: Die Lage des Ihmezentrums am Fluss Ihme ist eigentlich idyllisch, aber selbst diese Uferpromenade am Ihmeufer ist meist menschenleer.

Warum nur, so fragt man sich heute, hat eine Zeit, der die Aufgabe gestellt war, die Unwirtlichkeit der Städte zu beheben, so viele Scheußlichkeiten produziert? Was ging in all den Bauherrn jener Jahre – öffentlich oder privat – nur vor? »Sie können es ihnen nicht sagen. Sie heben den Blick zu den leeren Gesichtern der Gebäude, die sie gekauft haben, zu den riesigen ungeschlachten Gebilden, die sie so gründlich hassen, und es ist ihnen selbst ein Rätsel«, beschreibt der amerikanische Autor Tom Wolfe in seiner Polemik »From Bauhaus to our house« den Siegeszug dieser Art modernen Architektur. In seinem Buch »Städte für alle«, welches der damalige Oberstadtdirektor Martin Neuffer 1970 veröffentlichte, ist das Doppelgesicht des damaligen Städtebaus gut zu erkennen. Aus dem Abstand von drei Jahrzehnten erkennt man auf der einen Seite den Mut zum Bruch mit den verspießten Traditionen der bundesdeutschen Nachkriegsgesellschaft und den Willen zur Öffnung der Stadt für neue Formen des Zusammenlebens, auf der anderen Seite erkennt man einen Machbarkeitswahn, eine städteplanerische Hybris, die drei Jahrzehnte später frösteln macht.

»Die Stadt ist in den Siebzigern mit einer Reihe komplexer Bebauungen überzogen worden, die heute nicht mehr funktionieren«, weiß Hannovers Stadtbaurätin Uta Boockhoff-Gries. Insbesondere die Idee, die Innenstadt mit dem Viertel hinter dem Bahnhof fußläufig durch die unter dem Straßenniveau liegende Passerelle – eine so genannte »Minus-Eins-Ebene« – zu verbinden, ist ebenso fehlgeschlagen wie der Einfall, die Menschen ins Ihmezentrum über eine Treppe in eine »Plus-Eins-Ebene« hinaufklettern zu lassen. Menschen fühlen sich wohl, wenn sie durch Straßen flanieren können, und wollen ihre Fußwege nicht im Untergrund zurücklegen. Der Zugang zum Ihmezentrum vom Küchengarten aus wirkt wie die Zugbrücke einer gruseligen Trutzburg – kein Wunder, dass sich kaum jemand dort hinauf traut.

Bei dem Umgang mit den großen baulichen Hinterlassenschaften der Siebziger Jahre ist heute »Stadtreparatur« gefragt, meint Stadtbaurätin Boockhoff-Gries. »Es gab ursprünglich 42 Seitenausgänge aus der Passerelle, die mussten wir alle zumachen«, erinnert sie sich. Die Baumonster der Siebziger mit ihren Tentakeln erzeugen eine Unübersichtlichkeit, die Angst macht. Hinzu kam, dass die privaten Investoren, die viele Großbauten finanzierten, städtebaulich interessante Ansätze aus Renditegründen zunichte machten. So sollte in das Kröpcke Center ursprünglich kein Großkaufhaus einziehen, sondern es sollte eine halböffentliche Halle mit kleinen Läden und Cafés entstehen, in der man bei schlechtem Wetter bummeln und bis zu den Bahnsteigen der Stadtbahn hinunter blicken kann.

Dass Stadtreparatur gelingen kann, hat der Umbau der Passerelle zwischen Kröpcke und Hauptbahnhof bewiesen und Hannovers Bahnhofstraße wieder zur ersten Adresse gemacht. Face-lift und Make-up werden nicht überall reichen, aber sie sind ein Anfang. Das neue Hannover muss behutsam, aber ohne falsche Kompromisse mit den Fehlentwicklungen der Vergangenheit umgehen.

Hannover rettet die Welt(ausstellung)

Das Elefantenbaby durfte nicht mit nach Hannover. Eigentlich sollte es die Hauptattraktion im indischen Pavillon auf der Expo 2000 werden. Aber ein deutscher Beamter verweigerte ihm die Einreise – und zwar mit Hinweis auf die deutsche »Rüsseltier-Verordnung«, welche die Beförderung von Elefantenbabys ohne Muttertier aus tierschutzrechtlichen Gründen untersage. Auch ein eilig nachgereichtes Schreiben aus Indien, mit welchem dem Elefantenbaby der Status eines Vollwaisen aufgrund vorzeitigen Ablebens beider Elternteile bei einem Jagdunfall attestiert wurde, ließ den Beamten keine Ausnahme machen. Ohne Eltern keine Einreise, basta. Die Expo 2000 war um eine (kleine) Attraktion ärmer.

Mit der Expo war der Welt größter Zirkus nach Hannover gekommen – ein Zirkus, der nur alle fünf Jahre auftritt, jedes Mal auf einem anderen Kontinent. Es kamen Bauarbeiter aus Nepal nach Hannover, die zuvor noch nie den Himalaya verlassen hatten, um hier einen buddhistischen Tempel zu zimmern, den zuvor 800 nepalesische Familien in zweijähriger Handarbeit geschnitzt hatten. Die Japaner wollten ihren Pavillon vollständig aus Papier errichten und mussten ihr ungewöhnliches Baumaterial erst einem Härtetest mit Bunsenbrenner und Dauerberegnung unterziehen lassen, bevor die Bundesanstalt für Materialprüfung auch für norddeutsches Wetter grünes Licht gab. Die Saudis ließen nicht nur echt arabische Palmen per Jumbo-Jet einfliegen, sondern auch säckeweise original Wüstensand (der dann versehentlich als liegen gebliebenes Baumaterial entsorgt und auf einer hannoverschen Deponie wieder ausfindig gemacht wurde, bevor ihn die saudischen Tänzer endlich doch noch unter die Sandalen bekamen). Die Ecuadorianer brachten einen waschechten Schamanen mit, bei dem sich die Expo-Gäste in einer traditionellen Heilungszeremonie ihrer negativen Energie entledigen sollten (der Ärmste wurde nach dem Start übrigens zunehmend übellauniger und am Ende sogar zum ersten Mal in seinem Leben krank, was an der schlechten Strahlung seiner Besucher gelegen haben soll). Dennis Hopper kam zum Filmfestival der Expo, wo sein »Easy Rider« im neuen Stereosound zu hören war. Begrüßt wurde er vom hannoverschen Harley-Owners-Club mit dem ohrenbetäubenden Hämmern aus 100 Auspufftöpfen. Es kamen Ray Charles und 100 Staatspräsidenten, Carlos Santana und 200 Straßenkünstler, Herbert Grönemeyer und 15.000 Expo-Mitarbeiter aus 150 Ländern. Es kam eine ganze Welt.

Die Idee, den Weltausstellungs-Zirkus an der Leine auftreten zu lassen, war Ende der Achtziger irgendwo in einem hannoverschen Hinterzimmer von der damaligen niedersächsischen Finanzministerin Birgit Breuel und dem Vorstandsmitglied der Deutschen Messe AG, Sepp Heckmann (heute Vorstandsvorsitzender), ausgesponnen worden. Breuel hatte begonnen, sich mit der Idee der »nachhaltigen Entwicklung« zu beschäftigen, Heckmann trieb die zunehmende Technikfeindlichkeit am Hightech-Standort Deutschland um, und beiden gemeinsam lagen sicher auch das Image der niedersächsischen Landeshauptstadt und die wirtschaftlichen Aussichten der Messe und ihres Geländes am Herzen. In Niedersachsens Ministerpräsident Ernst Albrecht und später auch in Bundeskanzler Kohl fand die Idee Verbündete. Dass der Hannoveraner Gerhard Schröder – erst als Oppositionsführer in Niedersachsen, dann als Nachfolger Albrechts und schließlich als neuer Bundeskanzler – die Expo-Idee unterstützte, war keine Überraschung mehr.

Als im September 1989 eine Delegation des Pariser »Bureau des Expositions Internationales« (B.I.E.) Hannover besuchte, um die Bewerbung der Niedersachsen vor Ort in Augenschein zu nehmen, nahm über Hannover hinaus kaum jemand davon Notiz. Die Öffnung des Eisernen Vorhangs in Ungarn, die Ausreisewilligen in der Deutschen Botschaft in Prag und die Krise der DDR hielten die Öffentlichkeit in Atem. Als Hannover dann ein Jahr später,

Seite 16: Beliebte Pavillons der Expo 2000 waren der Tempelbau von Nepal, der mexikanische Prachtbau mit den schwebenden Beetles und der glitzernde »Planet m« des Bertelsmann-Pavillons.

Rechts: Tornado in der Cyclebowl des Grünen Punkts und die gemütliche Verkehrsschlagader der Expo, die Gondelbahn.

am 14. Juni 1990, den Zuschlag vor Toronto erhielt – mit einer Stimme Mehrheit, die vom Vertreter der sich bereits auflösenden DDR kam – fielen sich Oberbürgermeister Herbert Schmalstieg und Birgit Breuel in Paris um den Hals. Aber die Expo war von ihrer Realisierung noch weit entfernt. Die große Politik blickte eher auf Berlin, das sich sofort nach der Wiedervereinigung für die Olympischen Spiele im Jahr 2000 beworben hatte. Mit der deutschen Einheit im Rücken hielten sich die Hauptstädter im Rennen um Olympia für unschlagbar. Aber die Siegesgewissheit versank im Berliner Sumpf diverser Affären und Skandale rund um das Olympia-Büro und seine Bewerbung, und im September 1993 hieß es schließlich: »And the winner is Sidney«! Erst danach wurde die lange Zeit links liegen gelassene Expo in Hannover wieder für die Bundespolitiker interessant, die Finanzierung gesichert und die Expo GmbH gegründet, die mit den ersten Mitarbeitern 1995 in Döhren ihre Büros bezog.

Auch Hannover selbst tat sich lange Zeit schwer mit der kühnen Idee. Die Neue Presse sprach von einem »Mir-wird-Angst-und-Bange-Gefühl«, das viele Hannoveraner angesichts von prognostizierten 40 Millionen Besuchern beschlich. Dass die Stadt von Schwärmen fremder Menschen aus aller Herren Länder heimgesucht wird, in den Restaurants kein Tisch zu bekommen und nachts kein Taxi zu kriegen ist, kannte man ja von der jährlichen CeBIT-Messe. Doch die dauerte nur eine gute Woche, aber fünf Monate lang Expo? Megastaus, Verkehrschaos, explodierende Mieten, eine ruinierte Natur? Eine von der Grün-Alternativen-Bürgerliste in Hannover durchgesetzte Volksabstimmung ergab nur eine knappe Mehrheit für die Expo: 51,5 Prozent Hannoveraner stimmten dafür, 48,5 Prozent dagegen.

Mancher grüne Sympathisant wunderte sich über den strikten Anti-Expo-Kurs der alternativen Parteispitze und sah die Chance, unter dem Expo-Motto: »Mensch – Natur – Technik« grüne Themen vor einem Weltpublikum zu diskutieren. Doch die grüne Prominenz verweigerte sich der Expo bis fast zuletzt. Joschka Fischer hielt es als Außenminister nicht für nötig, die auf der Expo versammelten Generalkommissare der teilnehmenden 155 Nationen – von ihren Heimatländern mit dem Rang eines Sonderbotschafters ausgestattet – offiziell in Hannover willkommen zu heißen, und tauchte erst im September – sechs Wochen vor Ende der Expo – am Rande einer Veranstaltung der baltischen Staaten auf, nachdem die Bild-Zeitung seinen Expo-Boykott öffentlich angeprangert hatte. Es war nicht die einzige deutsche Wunderlichkeit im Umgang mit der eigenen Weltausstellung, über die man im Ausland den Kopf schüttelte.

Die Expo in Hannover auf die Beine zu stellen, erforderte die Spagatkünste einer Hochseilartistin. Es sollten 40 Millionen Besucher angelockt werden – aber das Programm sollte höchsten kulturellen Ansprüchen genügen. Die Expo sollte einen Blick ins 21. Jahrhundert bieten, aber ohne billige Science-Fiction, dafür mit tief schürfendem Anspruch. Bequem und komfortabel sollten Mr. Smith und Monsieur Dupont nach Hannover reisen, sich aber zwei Jahre vorher festlegen, an welchem der 153 Expo-Tage sie erscheinen würden, damit es kein Verkehrschaos gäbe. Nur wer drei Tickets im Voraus kaufte, sollte auch einen Parkplatz zugewiesen bekommen. Die Wirtschaft sollte kräftig sponsern, aber keine billige Reklame machen. Bei diesem täglichen Spreizschritt zwischen dem geforderten wirtschaftlichen Erfolg und dem hohen öffentlichen Anspruch der Veranstaltung fühlte sich so mancher Expo-Macher wie zwischen Tag und Traum.

Über allem hing die »schwarze Null«, die ausgeglichene Bilanz der Expo. Je heftiger sich die Geschäftsführung der Expo an dieses Glaubenszeichen klammerte, desto stürmischer versuchten die Ketzer, es in

Die Wasserkaskaden des isländischen Pavillons – im Hintergrund der Tipi.

Unten: Japan baute mit papierner Haut.

kleine Stücke zu zerreißen. Dabei wäre es ab einem bestimmten Punkt der Vorbereitung – als die teilnehmenden Länder begannen, ihre Pavillons zu bauen – gar nicht mehr darauf angekommen, unbedingt über die 40-Millionen-Besucher-Hürde zu springen. Es hätte ein Jahr vor der Expo kein Zurück mehr gegeben, wenn die ehrgeizigen Prognosen und gefälligen Gutachten von einst, mit denen man dem Land die Expo schmackhaft gemacht hatte, wieder einkassiert worden wären – und höchstens noch ein paar Wochen Lärm und Geschrei, an die sich bei der Eröffnung schon niemand mehr erinnert hätte. Doch es fehlte der Mut, die Expo unbelastet an den Start gehen zu lassen.

So schauten die Medien in den ersten naturgemäß besucherschwachen Wochen statt in die Pavillons und auf die Bühnen nur auf die Kassenhäuschen. Der Jagdeifer der Pressemeute war geweckt: Jeder wollte der erste sein, der das Lügengebäude von der schwarzen Null zum Einsturz brachte. Die Stimmung zwischen der Expo und ihrem Pressechor war so angespannt, dass ein Expo-Manager, der auf einer Pressekonferenz zu dem mauen Besuch befragt werden sollte, beim Anblick der finsteren Gesichter im Saal fast die Flucht vom Podium ergriffen hätte, und vom Pressesprecher mit der Bemerkung beruhigt werden musste: »Keine Sorge, die tun nix – die wollen nur spielen«. Zwei ehrgeizige Nachwuchs-Journalisten gingen in ihrem Enthüllungseifer so weit, sich tagelang mit Stift, Spiralblock und Taschenrechner am Drehkreuz eines Eingangs auf die Lauer zu legen und die Besucher nachzuzählen, um der Expo Zahlenmanipulationen nachzuweisen.

Und doch galt auch für die Expo: »Allem Anfang wohnt ein Zauber inne«. Vor dem Osteingang zerschnitt die Schere des Bundespräsidenten Johannes Rau am Morgen des 1. Juni 2000 bei schönstem Frühsommerwetter das rote Band. Dann schritt die zur Eröffnungszeremonie versammelte Prominenz, umringt von Fernsehkameras und Fotografen, die Treppe zur Expo-Plaza herunter, um in den Deutschen Pavillon einzukehren. Ich scherte – damals in der Pressestelle der Expo beschäftigt – mit einigen Kollegen aus dem Tross aus, nachdem der offizielle Teil erledigt war. Wir wanderten zur Plaza-Bühne hinüber, wo bereits eine Gruppe exotischer Trommler Radau machte. Die ersten Besucher hatten sich vor der Bühne versammelt und lauschten. Dann waren die Trommler fertig, und der Westwind wehte den Applaus der Zuhörer zu uns herüber.

Das war er nun: Unser erster Applaus. Ganz gleich, wie viele noch kommen würden, ob nun 40 Millionen oder doch nur die 400 dort drüben vor der Bühne. Wir hatten vier Jahre lang für diesen Moment gearbeitet, und es gefiel ihnen. Sie klatschten. Ich schaute meine Expo-Kol-

Die große Freitreppe der Exponale hinüber zum Ostgelände verwandelte sich oft in eine riesige Tribüne.

legen an. In unseren Augen, vom Schlafmangel der letzten Wochen rot, lag ein feuchter Schimmer.

Die Expo wurde schließlich doch noch ein Erfolg, und das hatte am allermeisten mit den Hannoveranern zu tun. Spätestens, als das Abendticket eingeführt wurde, mit dem man für 15 Mark den ganzen Abend auf der Expo verbringen konnte, drückten sie die von vielen bespöttelte, von vielen kritisierte Veranstaltung an ihr Herz und ließen sie bis zum Ende nicht mehr los. Hannover tat das, was es am besten kann: Etwas zu genießen, ohne der ganzen Welt davon erzählen zu müssen. Etwas zu schätzen, weil es schätzenswert ist, ganz gleich, was die Zeitung schreibt. Sich selbst zu vergnügen und nicht darauf zu schielen, was der Rest der Welt darüber denken mag.

Die Expo hatte sich jahrelang bemüht, die Welt nach Hannover zu holen, doch erst, als Hannover die Welt der Expo wurde, wurde die Expo weltberühmt. Nachdem die Hannoveraner dort Abend für Abend die größte Party Deutschlands feierten, wurde man auch andernorts in Deutschland und im Ausland darauf aufmerksam, was diese Expo Unvergleichliches zu bieten hatte. Ein Expo-Journal, dass der hannoversche Madsack-Verlag zunächst seinen eigenen Tageszeitungen beilegte und das später in vielen Teilen Deutschlands zu lesen war, trug wesentlich mit zum späten Erfolg der Expo bei: Ein Team hellwacher Journalisten, das mittendrin im Expo-Geschehen saß, berichtete aus erster Hand und eigener Anschauung, was sich Tag für Tag auf diesem so faszinierenden Welt-Gelände im Süden von Hannover alles tat.

Wo will man beginnen beim Erinnerungs-Spaziergang über die Expo? Da ist diese riesige Treppe am Ende der Brücke mit ihren Lichtstelen, die das ursprüngliche Messegelände mit den Pavillon-Neubauten im Osten verbindet. Kein Expo-Besuch, ohne auf ihren Stufen nicht wenigstens einmal – gemeinsam mit tausend anderen – mitten im größten Gewimmel gerastet zu haben. Dann die Allee der Vereinigten Bäume entlang geschlendert, wo Hunderte von verschiedenen Baumsorten aus der ganzen Welt mit ihren Kronen ein langes grünes Band bilden. Vorbei an dem weltgrößten Holzdach mit seinen Schwindel erregenden Verstrebungen und hinüber auf das Westgelände, wo in der Cyclebowl der künstliche Tornado im Halbstundentakt wirbelt und am blauen Kubus des isländischen Pavillons das Wasser hinunter läuft, als sei es ein schmelzender Würfel aus Gletschereis. Durch die Asienhalle hindurch, wo es nach tausend Aromen duftet, vielleicht auf die Schnelle zwei indonesische Sate-Spießchen abgeknabbert, und dann hinein in die gelbe Gondel der Seilbahn und quer hinüber zum Ostgelände, während unten die Plaza Latina im Salsa-Rhythmus vibriert und die Marriachi-Band im mexikanischen Pavillon schon die dritte Polonaise durch das Restaurant anführt (die Barkeeper werden auch heute Nacht wieder zehn Kisten Tequila-Nachschub über den Geländezaun heben, weil sie schon um halb zwölf leer getrunken sein werden).

Am Planet of Vision stehen die Besucher immer noch Schlange, um die Spiegelwelt im Wasser zu bewundern, und werden die Täuschung nicht bemerken, während über ihren Köpfen die echte Welt verkehrt herum an der Decke hängt. Sie werden später auf die Plaza zum Open-Air-Konzert strömen oder im Christus-Pavillon in stiller Andacht stehen. Aus der Gondel gestiegen gegenüber von den gestapelten Landschaften des holländischen Pavillons – wohin zieht uns die Erinnerung jetzt? Ins Schweizer Holzlabyrinth, ins finnische Birkenwäldchen? Oder die Gärten im Wandel hinab, die im Norden mit einem Wasserfall beginnen

Der Wal im Park der Sinne war einer der beliebtesten Pavillons – ein romantischer Blick zurück über die Achse des Ostgeländes mit Jemen-Pavillon und Riesenrad. Im Themenpark Wissen waren die Robotereier eine Riesenattraktion. Und der finnische Pavillon war auch ohne den Besuch der Leningrad Cowboys einer der schönsten.

und im Süden in Dünenlandschaften versanden? Über den Bootssteg vor dem Pavillon Monacos vorbei, wo die weiße Luxusyacht festgemacht hat, und hinauf zum Terrassenrestaurant, um in der lauen Abendluft einen Salade Niçoise und ein, zwei Gläschen Chablis zu genießen? Oder den Blick einfach vom Dach der Postbox schweifen lassen wie durch den Schlitz eines Briefkastens für Riesen, das ganze flimmernde, glänzende und funkelnde Gelände entlang bis zum Pavillon der Hoffnung, einem Walfisch gleich, friedlich liegend vor dem See, dem Park und den fernen Bergen am Horizont.

In den letzten sechs Wochen bekam die Expo doch noch, worauf sie so lange vergeblich gewartet hatte: ein volles Haus. »Wir Deutschen mussten die Expo schon deshalb machen, damit wir endlich mal wieder was zu meckern haben«, hatte ein Freund und Spötter einmal bemerkt. Er sollte Recht behalten: Wer früher Drehkreuzbewegungen nachgezählt hatte, stoppte jetzt die Wartezeiten vor den Hauptattraktionen. Skandal: Erst Eintritt nehmen und dann warten lassen! »Komm doch im Juni, dann ist alles leer«, hatte ich einem Bekannten empfohlen, der mir mit seinem Geschimpfe über das Gedränge in der letzten Oktoberwoche auf die Nerven ging. Am Ende wurde ernsthaft diskutiert, ob man die Expo nicht verlängern oder gar auf Dauer öffnen sollte. Zu spät...

Es gab beim Expo-Zirkus übrigens auch Attraktionen, denen keine Bürokratie etwas anhaben konnte. Die Macher des allabendlichen Feuerspektakels auf der Expo, eine Gruppe Franzosen, überraschten die Sicherheitsexperten kurz vor dem Beginn mit dem Hinweis, sie benötigten noch einen Stellplatz für den riesigen Erdgas-Tank, mit dessen Hilfe sie ihre pyromanischen Exzesse realisieren würden. Geduldig wurden den französischen Gästen die Anforderungen erläutert, die hierzulande an den Brand- und Explosionsschutz bei öffentlichen Veranstaltungen gestellt würden. Die Feuerkünstler reagierten mit völligem Unverständnis. In Frankreich, so erläuterten sie, würden sie den Tank immer unter die Zuschauertribüne stellen, da sei doch genügend Platz.

Polizei und Feuerwehr fanden dann aber doch noch einen sichereren Ort für das Gas. Die Feuer-Show wurde ein großer Erfolg. Die Franzosen nannten sie übrigens »Flambée«.

Der von 2800 handgeschliffenen Edelstahlblechen ummantelte Gehry-Tower lehnt sich schelmisch ans Rotlichtviertel. Im zweiten Geschoss arbeitet der Textautor dieses Buches. Ein wunderbares Büro – aber er hätte eine bessere Aussicht verdient.

Links: Die von Top-Designer James Irvine gestalteten Üstra-Busse sehen nicht nur gut aus, sie sind dank Erdgasbetrieb auch umweltfreundlich – und flüsterleise.

Ein Sechser im Lotto

Wenn heute von der Weltstadt München die Rede ist, vergessen viele, dass die Stadt an der Isar vor dreißig Jahren noch nicht so strahlend leuchtete wie heute. Die Provinzmetropole im Alpenvorland, umgeben von Milch- und Agrarwirtschaft, verbreitete wenig weltstädtischen Glanz. Das änderte sich erst mit den Olympischen Spielen von 1972. Die Münchener Stadtväter nutzten die gewaltigen Gelder, die der bundesdeutsche Steuerzahler für den Ausbau der Olympiastätten in den Süden fließen ließ, um Bayerns Hauptstadt kräftig aufzupolieren. Von diesen klug genutzten und auf lange Sicht geplanten Investitionen profitierte München enorm – und tut dies bis heute.

Nicht anders erging es drei Jahrzehnte später Hannover. Die Expo 2000 war ein Segen für die Stadt, »ein Sechser im Lotto«, wie es in Kreisen der städtischen Wirtschaft damals hieß (auch wenn der eine oder andere Lokalpolitiker zunächst geklärt haben wollte, wer der Stadt denn nun bitteschön die Taxifahrt zur Lottoannahmestelle erstatten würde). Es waren ja nicht nur die rund dreieinhalb Milliarden Mark, die die Expo-Gesellschaft für den Aufbau des Weltausstellungsgeländes, das Programm der Expo, für den Betrieb und die Organisation in Hannover ausgab. Abseits der eigentlichen Expo-Bilanz investierten Bund und Land nochmals rund 2,5 Milliarden Mark in den öffentlichen Nah- und Fernverkehr sowie 1,8 Milliarden Mark in den Ausbau der Autobahnen rings um Hannover. Die 155 teilnehmenden Länder investierten darüber hinaus 1,6 Milliarden Mark in ihre Pavillons, hinzu kamen noch die Ausgaben der Sponsoren für ihre Präsentationen und die Ausgaben der Besucher für Essen, Trinken und Übernachtung. Ein Gutachten der Nord/LB errechnete aus all diesen Investitionen und Umsätzen ein Wertschöpfungspotential von rund 15 Milliarden Mark. Wahrlich eine Riesenwolke, aus der es Manna auf Hannover herabregnete.

Am konsequentesten nutzten die hannoverschen Verkehrsbetriebe die Chance, sich zur Expo komplett zu modernisieren. In den neunziger Jahren wurde der gesamte städtische Nahverkehr erneuert und zählt heute zu den schönsten der Welt. Für die Gestaltung von Stationen und Fahrzeugen wurden international renommierte Designer nach Hannover geholt: der italienische Shooting-Star Massimo Iosa Ghini verwandelte die finstere Betongruft der Kröpcke-Station in einen blaugrün funkelnden Comic-Strip aus Millionen Glasmosaiksteinchen, der in Mailand lebende Engländer James Irvine schuf einen Bus mit glänzend verspiegelter Außenhaut und gerundeten Fenstern, dessen Farbbänder in Grün und Orange italienischen Chic ausstrahlen, und Jasper Morrisson, der Meister des englischen Understatements im Design, entwickelte die neuen Stadtbahnen, von den Hannoveranern wegen ihrer Geschwindigkeit, ihrer silbernen Hülle und ihrem lautlosen Komfort bald »Silberpfeile« genannt.

Heinrich Ganseforth, bis 2005 Vorstandsvorsitzender der Üstra, war die treibende Kraft hinter all den waghalsigen Designprojekten, mit denen nicht nur der Nahverkehr, sondern das ganze Stadtbild Hannovers verändert wurden. Der wohl renommierteste Architekt, den die Üstra zur Expo an die Leine holte, war Frank O. Gehry, der Gottvater des Dekonstruktivismus. Gehry baut eigentlich keine Häuser, sondern funktionale Skulpturen. Er erregte mit seinen ersten Wohnhäusern Ende der Siebziger Jahre großes Aufsehen, weil er ihnen Hüllen aus Asbestplatten, Wellblechtafeln und Drahtgittern verpasste, die unfertig, instabil und selbst gemacht wirkten. Aus dem Widerspruch gegen die schmuck- und ornamentlose Geometrie der modernen Architektur entwickelte Gehry diesen Dekonstruktivismus bis heute weiter, indem er Volumina aufbrach, mit Kurvaturen spielte und waghalsig Materialien mixte.

Bei der Üstra, die an der Ecke Goethestraße und Reuterstraße ein kleines Grundstück besaß, das nicht besonders hochwertig bebaut war, entstand Ende

Der neobarocke Tiedthof von 1909 war einmal Gewerkschaftshaus. Heute tummeln sich in den Höfen, Büroetagen und Bars die Kreativen der Stadt.

Seite 23: Über dem Expogelände liegt noch Tristesse. Zahlreiche Pavillons sind abgerissen, nur wenige werden genutzt. Aktuell kommt jedoch Bewegung auf und die Hoffnung keimt, dass im Umfeld des Gartens der Sinne ein attraktives neues Geschäftszentrum entsteht.

der Neunziger die Idee, dort zusammen mit einem Immobilieninvestor ein Bürogebäude von Gehry entstehen zu lassen. Mit seiner Schuppenhaut aus 2.800 handgeschliffenen Edelstahl-Blechen und seinen 140 Fenstern ist der Gehry Tower ein strahlender Solitär mitten im hannoverschen Rotlichtviertel. Auf seinen acht Geschossen sind auf kleinster Grundfläche über 2.000 Quadratmeter Bürofläche entstanden. Der quadratische Turm ist nicht nur um seine Mittelachse verdreht, sondern kragt auch aus der Straßenflucht hervor. Dadurch wirkt er, als würde er zum Steintor hinüber blicken – und das war auch Gehrys Absicht: »Ich wollte den Turm mit dem Platz sprechen lassen«, erklärt er seine Idee. Der freche Turm blickt spöttisch auf die Randbebauung rund um den Steintorplatz, auf dessen Ostseite noch triste Nachkriegsbauten hocken, die sich noch dem längst fälligen Abriss widersetzen.

Trotzdem haben der lange vernachlässigte Platz und das Viertel darum in den letzten zehn Jahren bereits sein Gesicht zum Besseren gewandelt. Das umgebaute Goseriedebad gibt der Kestnergesellschaft den passenden Rahmen für ihre international beachteten Ausstellungen, die renovierten Tiedthöfe gegenüber bieten Kleinunternehmen der Medien- und Werbebranche und hochwertiger Gastronomie einen passenden Platz, und auch der »Neues Steintor« genannte Rotklinkerbau stellt sich dem Anzeiger-Hochhaus passend zur Seite. In dem früheren Schmuddelviertel zwischen Marstall und Goethestraße hat sich zu Füßen des Gehry Towers eine Club- und Barszene etabliert, die am Wochenende ein vergnügungshungriges junges Publikum anlockt.

Dass die Expo in Hannover nach schwierigem Start doch noch eine echte Massenveranstaltung wurde, hat sie auch dem zur Weltausstellung ausgebauten S-Bahn-Netz der Deutschen Bahn zu verdanken. Moderne Haltestellen und schnelle Züge verbinden seitdem die Wohnbürger in der Region mit ihren Arbeitsplätzen in der City. Lieben gelernt haben die Hannoveraner die neue S-Bahn zur Expo, weil im ohnehin schon preisgünstigen Abendticket auch noch die Fahrkarte für die Hin- und Rückfahrt per Bus und Bahn enthalten war. Das große Weltausstellungs-Erlebnis zum kleinen Preis lockte Hunderttausende aus Springe, Burgdorf, Barsinghausen und Wunstorf auf das Expo-Gelände und füllte die neuen roten S-Bahn-Züge bis in die tiefe Nacht. Einen lang gehegten Wunsch der hannoverschen Verkehrsplaner machte die S-Bahn zur Expo ebenfalls wahr: Der Flughafen im Norden und das Messegelände im Süden erhielten eigene Bahnhöfe. Seitdem kann man als Gast am Airport ein- und zwanzig Minuten später am Messegelände wieder aussteigen. Unterwegs gibt es nur einen Stopp am Hauptbahnhof.

Was früher als Spott über Hannover gedacht war – »aus keiner anderen Stadt kommt man so schnell weg« –, ist heute im Zeitalter der Mobilität ein kostbarer Standortvorteil. Im Schnittpunkt zwischen West und Ost, Süd und Nord bietet Hannover exzellente Schienenverbindungen. 60 Städte kann man von Hannovers Bahnhof aus ohne Umsteigen erreichen, 718 Züge laufen täglich auf den 14 Gleisen an und 250.000 Zugreisende steigen hier ein und aus. Der König Ernst August von Hannover dreht zwar heute noch – hoch zu Pferd – auf dem Bahnhofsvorplatz der Eisenbahn den Rücken zu, denn er war entschiedener Gegner des freien Verkehrs von Menschen und Gedanken. Trotzdem wurde 1843 die erste Strecke nach Lehrte eröffnet und 36 Jahre später der neue Bahnhof von Hubert Stier in Betrieb genommen – ein mächtiger, repräsentativer Bau, in dem es sogar einen Kaisersaal gab, sollte seine Majestät einmal geruhen, hier Station zu machen.

100 Jahre später hatte der hannoversche Bahnhof hinter seiner stolzen Fassade nur noch wenig Repräsentatives zu bieten. Er verkam zur seelenlosen Pendlertristesse, an dessen dunklen Ecken die

Reisenden mit hochgeklapptem Mantelkragen und raschem Schritt vorbei marschierten. 1998 war Baubeginn einer umfassenden Modernisierung, die pünktlich zur Expo im Mai 2000 abgeschlossen wurde und rund 100 Millionen Euro kostete. Heute ist der Hauptbahnhof wieder Hannovers feine Visitenkarte. Verglaste Durchbrüche zu den oben liegenden Gleisen bringen Helligkeit in das Gewimmel der Viertelmillion Nutzer, die von rund 50 Läden und Geschäften zum Einkaufen und Verzehren verführt werden. Die »Allianz pro Schiene« verlieh Hannovers renoviertem Schmuckstück 2004 den ersten Preis. Neben dem Hauptbahnhof Leipzig gilt der in Hannover nun als schönster Bahnhof der Republik.

Nicht nur der öffentliche Nahverkehr wurde zur Expo herausgeputzt. Auch der Flughafen Hannover bekam nach zweieinhalb Jahren Bauzeit ein neues Terminal, das die Kapazität von vier auf acht Millionen Fluggäste jährlich verdoppelte. 125 Millionen Euro wurden dafür investiert. Und in die Messe, die zwei Drittel des Expo-Geländes stellte, wurden insgesamt rund 1,75 Milliarden Mark investiert. Dafür entstanden unter anderem mehrere neue Hallen, die mit kühnen Dachschwüngen und imposanten Innenmaßen noch heute Staunen machen. Ein eigener Gleisanschluss mit Bahnhof und einem »Skywalk« genannten gläsernen Tunnel verbindet die Messe mit dem Netz der Deutschen Bahn – der zeitaufwändige Umstieg am Hauptbahnhof entfällt, die ICEs halten direkt am Gelände. Ein Straßenring umschließt heute das Messegelände und verbindet es mit den ausgedehnten Parkplatzanlagen, die sich den Kronsberg hinauf ziehen.

Nur auf dem im Osten gelegenen Teil des Expo-Geländes, wo im Sommer 2000 die Besucher in die Nationenpavillons strömten, weht heute ein Hauch von Katerstimmung durch den Sydney Garden, die Avenida de Sevilla und den Boulevard der EU. Es gibt zwar neue Nutzer und kaum Ruinen, aber gerade weil hier Glanz und Glimmer der Expo am hellsten strahlten, überkommt manchen Besucher abendliche Tristesse. Es ist, als sei die Expo nicht vor fünf Jahren, sondern vor ein paar Tagen zu Ende gegangen, als hätten Gabelstapler die Pavillons eben erst ausgeweidet und auf Lastwagen die Palmen und den Wüstensand fortgeschafft.

Doch rund um die Expo-Plaza, wo die Künstler, Designer, Medienmacher und Informationsmanager von morgen an verschiedenen Hochschulen und Akademien ausgebildet werden, blüht viel neues Leben aus den Expo-Ritzen von einst. Das ganze Projekt heißt Media Park und versammelt Ausbilder, Forscher, Unternehmen und Produzenten aus der Medienbranche am Kopf der Exponale, jener Brücke, die hinüber auf das Gelände der Messe AG führt, wo sich jedes Jahr die gesamte Welt der Informationstechnologie zur CeBIT versammelt. Die Nähe ist gewollt und soll Hannovers Wirtschaft neue Impulse geben. Die Informations- und Kommunikationstechnologie ist eine von fünf Branchen, die Hannover mit seinem Projekt »hannoverimpuls« gezielt fördern und an die Stadt binden will.

Gallionsfigur des neuen Lebens auf der Expo ist ein junger Hannoveraner, dessen Kopf prominent genug war, um in die Ausstellung der in Gips verewigten Bundesbürger im Deutschen Pavillon aufgenommen zu werden. Als Mustafa Gündogdu und Sohn eines türkischen Arztes in Hagen geboren und 1990 nach Hannover gezogen, hat er es als DJ, Produzent und Autor von Hits wie »Horny«, »Sex Bomb« oder »Is it cos I'm cool« und als Remixer von Stars wie Michael Jackson, Gloria Estefan, den Backstreet Boys oder Simply Red zu Weltruhm gebracht. Sein Studio namens Peppermint Park hat er im ehemaligen belgischen Pavillon auf der Expo bezogen, und so kommen auch heute noch Weltstars auf das Expo-Gelände, um bei Hannovers Meister-Mixer Mousse T. ihre Hits aufpolieren zu lassen.

Vor über 10 Jahren übernahm der Hörgerätehersteller Martin Kind die Vereinspräsidentschaft von Hannover und führte Hannover 96 erfolgreich aus dem Dritten Liga in die Erste.

Rechts: Aus Richtung Lavesallee betrachtet, gibt sich der gläserne Turm der Nord/LB besonders dynamisch.

Abschied vom Mittelmaß

Zur Einweihung des neuen hannoverschen Rathauses am 20. Juni 1913 erschien seine Majestät Kaiser Wilhelm II. persönlich. Der mächtige Bau, den die stolzen Bürger Hannovers auf 6.026 Holzpfählen über dem Sumpf der Leineauen errichtet hatten, erregte die Bewunderung des Kaisers ebenso, wie sein Unbehagen gegenüber solch opulenter bürgerlicher Repräsentationslust. Die Hannoveraner hatten ihrem neuen Bau – statt des sonst bei Rathäusern üblichen Türmchens – eine riesige Kuppel aufgesetzt. Diese überragte mit einer Höhe von 98 Metern sogar den 19 Jahre zuvor errichteten Reichstag in Berlin. Auf eine spitze Bemerkung des Monarchen am Rande der Einweihungsfeierlichkeiten über das ungewöhnlich große Rathaus hin soll der neben ihm stehende Stadtdirektor Heinrich Tramm geantwortet haben: »Und alles bar bezahlt, Eure Majestät!«.

Hannover war damals im Aufschwung der Gründerzeit zu einer der wichtigsten preußischen Provinzhauptstädte aufgestiegen. Vergessen war die Schmach der Niederlage der Welfen 1866 und das Ende ihres Königreichs, vorbei die 150-jährige Tristesse der Personalunion, als die hannoverschen Könige in London auf dem Thron saßen und sich über hunderte Jahre nicht in Hannover blicken ließen. Als Residenz ohne Krone, ohne höfischen Pomp und Prunk war Hannover im 18. Jahrhundert zu einer Stadt mittelmäßiger Büttel und Schranzen verkommen, die der König hier zurückgelassen hatte. Zur Jahrhundertwende demonstrierte eine stolze Stadt ihr neu erwachtes Selbstbewusstsein in Bauten wie dem neuen Rathaus.

Ein neues hannoversches Selbstbewusstsein ist heute, hundert Jahre später, wieder zu spüren und hat sich im Stadtbild sichtbar gemacht. Zur Linken des Rathauses steht seit 2002 der Neubau der Norddeutschen Landesbank. Weithin sichtbar reckt der verdrehte Glasturm über dem massigen Grundkörper seine Spitze auf Augenhöhe mit der Rathauskuppel. Der Bau der Stuttgarter Architekten Behnisch und Behnisch auf dem 14.000 Quadratmeter großen Grundstück zwischen Rathaus und Aegi erregt bis heute Kontroversen. Die massive fünf- bis sechsgeschossige Front zum Friedrichswall wirkt auf manchen Betrachter zu abweisend und erinnert an die Bürobauten des anonymen »International Style« der Sechziger und Siebziger, als man begann, Gebäudefronten mit Glasfassaden zu behängen, damit sich – wie Tom Wolfe spottete – »die langweiligen geraden Linien des hässlichen Büroturms von gegenüber darin spiegeln konnten«. Wer die Leistungen der Architekten würdigen will, muss aber den Blick durch den trichterförmig zum Aegi geöffneten Eingang wagen. Hier, im Innenhof des Gebäudekomplexes, schweben Glaspyramiden über Wasserbecken, verlaufen durchsichtige Röhren und die 17 Geschosse schichten sich in verdrehten Kuben auf. Das ungeheure Bauvolumen von 81.000 Quadratmetern Grundfläche wurde so aufgebrochen, gestaltet und erlebbar gemacht.

Nur ein kurzer Spaziergang ist es von hier zu einem anderen Symbol des hannoverschen Abschieds vom Mittelmaß. »Nie mehr zweite Liga!«, tönte es nach Jahren der Bundesligaabstinenz am 30. März 2002 über den Maschsee. Dort liegt heute das zur »AWD-Arena« umgebaute Niedersachsenstadion, wie der Großsponsor Allgemeiner Wirtschaftsdienst die Spielstätte von Hannover 96 taufen ließ. Das neue Stadion symbolisiert und besiegelt den Aufstieg des hannoverschen Traditionsvereins in die Erste Bundesliga. Zu verdanken hat die Stadt dies einem Unternehmer aus dem Norden der Region: Martin Kind. 1997 übernahm Kind den praktisch bankrotten und in die sportliche Bedeutungslosigkeit der Regionalliga abgestürzten Verein und führte ihn in nur acht Jahren wieder zurück an die Spitze.

Die Geschichte des Stadions ist eng mit der des Vereins verknüpft. 1953 auf den Trümmer- und Schuttbergen des Zweiten Weltkriegs errichtet, sah es fünf Jahre

Eine der vielen Attraktionen des Erlebnis-Zoos Hannover sind die Flusspferde. Besonders spektakulär: das Riesenmaul, wenn's Nilchen gähnt.

später die ersten Heimspiele der »Roten«, deren vereinseigenes Eilenriede-Stadion in der Clausewitzstraße die Zuschauermassen bei den Spitzenbegegnungen nicht mehr fassen konnte. 1964 – ein Jahr nach Gründung der Fußball-Bundesliga und ein Jahr vor der Bayern Münchens – stieg Hannover 96 mit Siegen über Pirmasens, Aachen und Kassel in die höchste Spielklasse auf. Ein Jahr später konnte auch abends gespielt werden, nachdem das Stadion mit vier Flutlichtmasten – von den Hannoveranern Zahnbürsten genannt – ausgestattet wurde. Die ersten trockenen Sitzplätze bekam das Niedersachsenstadion mit seinem Umbau zur Fußballweltmeisterschaft in Deutschland 1974, als Teile der Tribünen erstmals überdacht wurden. VIP-Logen hießen damals noch »Ehrentribünen«, und die Bewirtung der Ehrengäste bestand in Streuselkuchen und Kaffee zur Halbzeit und Bockwurst mit Kartoffelsalat nach dem Schlusspfiff.

Nach dem Tiefpunkt des Vereins – ausgerechnet 1996, im hundertsten Jahr seiner Geschichte, wurde Hannover 96 in die dritte Liga verbannt – übernahm Martin Kind in dem von Krisen und Trainerrauswürfen geschüttelten und von unfähigen Präsidenten ruinierten Verein das Ruder. Bereits 1998 gelang der Wiederaufstieg in die Zweite Liga und 2002 schließlich die triumphale Rückkehr in Deutschlands Eliteliga. Bereits ein Jahr zuvor hatte Kind ein Bündnis für den Umbau des Niedersachsenstadions in eine moderne WM-Arena geschmiedet. Die 65 Millionen Euro wurden zu einem Drittel von Stadt und Land, zu zwei Dritteln von einer privaten Stadiongesellschaft getragen. Unter dem transparenten Dach, das über den 49.000 Sitzplätzen zu schweben scheint, werden während der Fußballweltmeisterschaft 2006 fünf Spiele angestoßen.

Hinter Hannovers Abschied vom Mittelmaß stehen Menschen wie Martin Kind, zupackende, entschlossene Macher, die das großartige Potential Hannovers schon erkannt haben, als ihre Zeitgenossen noch über die endlosen Imageprobleme der Stadt lamentierten. Ein Image ändert man nicht, indem man noch eine Agentur noch eine Werbekampagne erfinden lässt – genau so wenig, wie man einen Apfel in die Luft halten und warten kann, dass ein Baum dran wächst. Es ist der Mut, Chancen zu ergreifen und Projekte zu realisieren, die das Mittelmaß hinter sich lassen. Mit jedem Erfolg wächst das Selbstbewusstsein nach innen und außen.

Erkannt hat dies auch Klaus-Michael Machens, dessen Name für den Wandel des Zoo Hannovers vom Tiergehege zum modernen Erlebniszoo steht. 1994 begann der Zoodirektor, seine Vision von der Tierschau der Zukunft in Hannover umzusetzen. Das Konzept sah komplett durchgestaltete Themenbereiche vor, die jeweils Tiergruppen präsentieren sollten. Themenbereiche, in die die bauliche und landschaftsgärtnerische Umgebung samt Besucherwegen und themenbezogenen Gastronomien sowie die Möglichkeit zur Interaktion mit den Tieren als Gesamterlebnis Zoo realisiert werden sollten. Verwirklicht wurde 1995 zunächst der Gorillaberg, auf dessen Pfad die Besucher dem Weg der Evolution vom Menschenaffen zum Menschen folgen. 1997 entstand der Dschungelpalast, dessen Architektur Elefanten, Raubkatzen und Tempelaffen Platz bietet und die auch als Filmkulisse für die Abenteuer von Indiana Jones dienen könnte. 1998 kam der niedersächsische Bauernhof »Meyers Hof« und 1999 die afrikanische Flusslandschaft »Sambesi« hinzu. Für die Eisbären und Pinguine ist bereits »Yukon Bay« geplant, die Kulisse eines verlassenen Goldgräberstädtchens in Alaska. Damit spielt der hannoversche Zoo endgültig in der ersten Liga der Tierparks in Europa.

Zum Abschied vom Mittelmaß gehört auch die Kontroverse. Wer Dinge bewegen will, muss damit rechnen, auch einmal anzuecken. Niemand weiß das besser

Weg von der Mittelmäßigkeit – Flagge zeigen! Das ist die Botschaft der Oper. Ein Blick über das Kupferdach und die Fabeltiere der Oper hinüber zur Marktkirche.

als Albrecht Puhlmann, der zur Spielzeit 2001/2002 Intendant der Staatsoper in Hannover wurde. Mit modernen Inszenierungen klassischer Opern rüttelte er an den Plüschsesseln, in denen ein überwiegend konservatives Abonnenten-Publikum schlummerte. Insbesondere der Spanier Calixto Bieito bürstete Verdis »Troubadour« und »La Traviata« oder Mozarts »Don Giovanni« mit viel Sex und Crime gegen den Strich, ließ die Kameliendame in Netzstrümpfen über die Bühne stökkeln und es den Herzensbrecher auf einer Motorhaube treiben. Endlich war Hannovers Oper wieder ein Thema für die Großfeuilletons, und ein jüngeres aufgeschlossenes Publikum fand den Weg in den Lavesbau an der Georgstraße. Einladung zu Gastspielen in Paris, Wien und Edinburgh und wiederholte Nominierungen als Opernhaus des Jahres belegen den Erfolg des mutigen Intendanten.

Wenn man aus dem Kinderzimmerfenster der kleinen Oberricklinger Drei-Zimmer-Wohnung schaute, in der ich aufwuchs, sah man hinter einer Schrebergarten-Kolonie die Welt der Fabriken, in die mein Vater jeden Tag aufbrach – zusammen mit Zehntausenden seinesgleichen. Dort, auf der anderen Seite der Gärten, zwischen Tönniesberg und Deisterplatz, lag die Welt, die Männer wie meinen Vater und ihre Familien ernährte, aber auch Tag für Tag verschluckte und ihr Leben in Acht-Stunden-Schichten langsam auffraß. Dort schraubten sie im Minutentakt bei der AEG Telefunken an endlosen Fließbändern Radios und Fernseher zusammen, in den Vereinigten Aluminium-Werken wurden Träger und Rohre aus Leichtmetall bei glühender Hitze gepresst und gezogen, und in der Hanomag schmiedeten sie aus glühendem Eisen Lastkraftwagen, Ackerschlepper und schwere Baumaschinen zusammen. Wo damals auf einem Gelände, so groß wie die Innenstadt, in Früh-, Spät- und Nachtschicht gearbeitet wurde, haben sich heute Groß- und Baumärkte breit gemacht. Es wird verkauft, kaum mehr produziert.

Darin ist es in Hannover nicht anders als in ganz Deutschland. Der industrielle Bereich – Kern der Wertschöpfung einer Volkswirtschaft – schmilzt seit langem schon. Standorte sind für weltweit operierende Unternehmen heute nichts anderes mehr als Lieferanten dessen, was man zur Produktion benötigt: Infrastruktur, Energie, Arbeitskraft. Gibt es Standorte, die diese Faktoren günstiger liefern können, wird der Lieferant gewechselt, die Produktion verlagert. Das nennt man Globalisierung.

Hannover kann sich im globalen Wettbewerb der Standorte nur mit Spitzenleistungen, nicht mit Mittelmaß behaupten. Dabei setzt die Stadt auf ihre Vorzüge: die exzellenten Verkehrsanbindungen im

Beispiele gelungener Architektur: Die scharfkantige Architekturplastik der DG-Bank am Raschplatz und das ehemalige Verwaltungsgebäude der Bezirksregierung am Waterlooplatz.

Unten: Das INI (International Neuroscience Institute) von Professor Madjid Samii im Medical Park Hannover stellt das menschliche Gehirn dar.

Herzen Europas, ausgezeichnete Leistungen in Forschung und Lehre, ihr Profil als Gastgeber der größten Hightech-Messen der Welt.

Mit den Feuer und Dampf speienden Fabriken, in denen mein Vater noch sein Geld verdienen musste, haben Hannovers heutige Industrieunternehmen nicht mehr viel zu tun. Bei VW Nutzfahrzeuge in Stöcken werden die Transporter und Vans mit klinischer Präzision und Sauberkeit in computergesteuerten Produktionsstraßen gefertigt. Die Roboter mit ihren Spinnenarmen fluchen nicht, schwitzen nicht, machen keinen Dreck mehr und keinen Lärm. Nur ein kleiner Funke blitzt kurz auf, wenn die Schweißpunkte millimetergenau auf die blanke Metallhaut gesetzt werden, und hinterlässt keine Spur auf dem sauberen Hallenboden.

Bei der Continental, einem anderen hannoverschen Traditionsunternehmen, wird am Standort Hannover – der heute nur noch einer von vielen ist – vor allem geforscht und entwickelt. Der Gummireifen aus Kautschuk, früher ein letztes Stück Naturprodukt am Technik-Kunstwerk Automobil, ist selbst längst zum High-Tech-Erzeugnis geworden. Die Fahrgeräusche eines Autos beispielsweise werden im Wesentlichen vom Reifen erzeugt und bei der Conti im Akustiklabor mit Spezialmikrofonen vermessen. Das Profil wird so lange weiter entwickelt, bis es einen Wohlklang erzeugt, der den Ohren des Fahrers schmeichelt. Die Rillen im Reifen werden so zur Partitur, aus der man alle Misstöne tilgt.

Virtuos und gefühlvoll wie ein Dirigent geht Professor Madjid Samii zu Werk, wenn er im Operationssaal der Neurochirurgischen Klinik, dem INI (International Neuroscience Institute), steht. Über 20.000 Eingriffe hat der aus dem Iran stammende Hannoveraner an Schädel, Gehirn und Wirbelsäule seiner Patienten in den vergangenen vier Jahrzehnten vorgenommen und in seiner Forschung bahnbrechende neue Operationstechniken entwickelt. Auf seinem Gebiet, der Neurochirurgie, repräsentiert Professor Samiis Institut die Weltspitze. Die internationale Klientel, die sich hier vom Besten seines Fachs behandeln lässt und oft für Wochen mit großem Familienanhang anreist, ist – auch für die hannoversche Hotellerie – ein echter Wirtschaftsfaktor geworden.

In der Nachbarschaft von Medizinischer Hochschule, Fraunhofer Gesellschaft und Max-Planck-Institut im Nordosten Hannovers gelegen, zeichnet der Bau des INI mit seinen neun Geschossen und dem elliptischen Grundriss die Form eines Gehirns nach. Über einem mit Alublech verkleideten Betonsockel, dem »Kleinhirn«, zeigen farbige Glaselemente an den Geschossen darüber die Oberflächenstruktur des Großhirns an und teilen den Bau – wie beim menschlichen Denkorgan – in zwei Hemisphären. Innen, im überdachten Atrium, kann man mit dem gläsernen Fahrstuhl durch die Hirnschichten schweben und sich wie im Kopf eines schlafenden Riesen fühlen, der von der Zukunft träumt.

Im Mittelpunkt des Altstadtfestes steht der Ballhof, die »Reincarnation Parade« zieht die Freunde des Techno an die Leine.

Ein neues Lebensgefühl

Die »Klickmühle« ist eine Eckkneipe, wie es nicht mehr viele gibt. Am Rand der Altstadt zwischen Landtag und Markthalle gelegen, treffen sich hier Politiker und Journalisten zum vertraulichen Gespräch, Liebhaber deutscher Küche zu Schnitzel oder Eisbein, harte Zecher zu Bier- und Kornrunden.

An einem nasskalten Abend im Januar 2004 ist die Klickmühle voll bis auf den letzten Stehplatz an der Theke. Die Eckkneipe wird heute zum Vereinsheim. Ein bunt gewürfelter Haufen ist zusammengekommen: vom Inhaber einer Werbeagentur im feinen Anzug bis zum Rockmusiker in Lederjacke, zumeist männlich, das Durchschnittsalter jenseits der 40. Hier und da sieht man silbergraues Haar blitzen. Ein paar Namen kennt man aus der Zeitung, etabliert sind auf die eine oder andere Art alle Anwesenden. Man hat es in dieser Stadt zu etwas gebracht, macht davon aber nicht viel Aufhebens. Bussi-Bussi-Luftküsse und anderes Schikkeria-Getue ist verpönt. Man ist ja schließlich nicht in München.

Der bunte Haufen hat sich per Mundpropaganda in der Klickmühle verabredet, um einen neuen Verein zu gründen: einen etwas anderen Fanclub von Hannover 96. Die hier Versammelten passen nicht mehr zu den 15- bis 25-Jährigen in der Nordkurve des Stadions, tragen keine Kutten mit Spielerautogrammen, höchstens mal beim Heimspiel einen Schal in den Vereinsfarben über dem Wintermantel. Aber sie fiebern noch genauso mit bei jedem Spiel, lesen beim Frühstück zuerst die Lokalsportseiten, werden ab Sonnabend Vormittag nervös und sind schon beim Frühstück für häusliche Themen kaum mehr ansprechbar.

Natürlich ist die Vereinsgründung ein großer Jux, ein Spiel mit dem Netzwerk. Der Banker wird Kassenwart, der Nahverkehrs-Experte zum Bus-Obmann ernannt. Sogar ein Sicherheitschef und ein Frauenbeauftragter werden gewählt. Der Besitzer einer Eisdiele ruft den Mannschaftskapitän von Hannover 96 an, der bei ihm als Stammgast verkehrt, der Profi erklärt telefonisch seinen sofortigen Beitritt und die begeisterte Menge ernennt ihn zum Ehrenmitglied. Inzwischen hat jemand mit besten Kontakten zu einer örtlichen Brauerei eine Spende in Form eines 50-Liter-Fasses Bier akquiriert, die sofort ausgeschenkt wird. Eine Mitgliederfahrt zum nächsten Auswärtsspiel wird spontan verabredet, natürlich muss der Koch der Klickmühle die Verpflegung für die Busfahrt besorgen. Ein Pflaumenschnaps namens »Rote Reihe« macht die Runde, der Internet-Auftritt des Vereins wird unter das Motto »Am Pils der Zeit« gestellt. »Wir nehmen maximal 96 Mitglieder auf!«, wird beschlossen. Der Abend dauert lang und endet spät. Nicht jeder ist am nächsten Morgen pünktlich im Büro.

»Ziel dieses Zusammenschlusses ist es, die Vorzüge des Fußballvereins Hannover 96 in dieser liebenswerten Stadt in die Welt zu tragen. Wir verstehen uns als Imagepfleger«, berichtet später – etwas nüchterner – ein teilnehmender Lokaljournalist über die Absichten des Vereins. Denn dass Hannover die schönste Stadt der Welt ist – mit dem besten Fußballverein der Welt – gilt bei allen, die in der Roten Reihe mitmachen, als Konsens. Der selbstbewusste Stolz auf die eigene Stadt wird nicht mehr hinterfragt, diskutiert, zergrübelt. Das Bekenntnis zu Hannover muss nicht mehr proklamiert werden, es ist eine Selbstverständlichkeit. Es gibt da dieses Lebensgefühl…

Die Rote Reihe hat kürzlich eine Art Schwesterverein entdeckt. Eine Gruppe Hannoveraner, die es beruflich oder aus familiären Gründen »in den fernen Osten« nach Berlin verschlagen hat, gründete 2002 eine Kreuzberger Kneipe – getrieben von Sehnsucht nach sportlicher Heimat – den Hannover-96-Fanclub »Das Rote Berlin« – zum Zweck der Förderung des Hannoverschen Sportvereins von 1896 und des hannoverschen Brauchtums, wie es in der Satzung heißt. Mittlerweile treffen

Millionen Besucher lockt alljährlich das Maschseefest. Die Lüttje Lage ist am Maschsee nicht so gefragt – die traditionelle Alkoholkaskade ist ein Ritual auf dem Schützenfest.

sich Berlins Exil-Hannoveraner sogar in ihrer eigenen Vereinskneipe, und die nennt sich – natürlich – »Niedersachsenstadion«.

Schwer zu sagen, ob es den typischen Hannoveraner jemals wirklich gegeben hat, wie er manchmal noch heute durch die Zerrbilder und Karikaturen geistert: hölzern, kühl, trocken, nüchtern, stur und dröge. Irgendwie eine Mischung aus der steifen Oberlippe britischer Aristokraten, wie sie die halb englischen Welfenherrscher getragen haben mögen, und der bäuerlichen Derbheit und Dickschädeligkeit ihres niedersächsischen Landvolkes.

Wann dieser Menschenschlag an der Leine auszusterben begann, ist ebenfalls nicht eindeutig auszumachen. Sicher aber hat sein Verschwinden viel mit der Lust am Feiern zu tun, das die Hannoveraner auf der längsten Party der Welt – der fünfmonatigen Expo – an sich selbst entdeckt haben. Natürlich hat auch das Feiern in Hannover Tradition, schließlich wird hier seit 500 Jahren das älteste und größte Schützenfest der Welt begangen. Aber dem Ursymbol hannoverscher Ausgelassenheit – der Lüttjen Lage – haftet doch immer etwas starres, rituelles an. Wenn erwachsene Männer in grüner Uniform, vor sich auf der Theke die mit Schnäpsen bewaffneten Biere in gerader Reihe, den Kopf in den roten Nacken legen, um die braune und die klare Flüssigkeit im selben Zug zu vermengen und zu verzehren, wirkt diese Vereinigung von Alkohol und Mensch einem Ritual unterworfen, das seine Herkunft aus militärischer Manneszucht nicht verleugnen kann.

Das Gegenbild zur Lüttje-Lagen-Schlacht an den Theken des Schützenfestes, wo von wackeren Männern Reihe auf Reihe der herannahenden Doppelgläser niedergerungen wird, ist das Ballhoffest mit seinem heiteren, mediterranen Pazifismus. Dort feiert ein hedonistisches Hannover. Auf dem Ballhofplatz, der in lauer Sommernacht an eine italienische Piazza erinnert, sitzt man in lockerer Runde beim Vernaccia oder Sangriovese zusammen, um eine Käseplatte oder einen Teller voller Tapas herum, und plaudert und isst und trinkt vereint in die Nacht hinein.

Das Maschseefest nahm seinen Ursprung in der Südstadt, früher Heimstatt der hannoverschen Beamten, später ihrer zurückgebliebenen Witwen. In den vergangenen zwei Jahrzehnten hat das neue Hannover auch diesen Stadtteil wach geküsst, ihm besuchenswerte Restaurants und Lokale beschert. Der Trumpf der Südstadt war seit jeher die Nähe zum Maschsee, und die Stärke des Festes an seinen Ufern ist die Weitläufigkeit des Areals, das die Masse der Besucher – die bald jedes Schützenfest übertrifft – in kleinere, überschaubare Einheiten aufteilt. An jedem Treff – ob Nordufer, Löwenbastion oder Maschseequelle – findet sich ein eigenes Publikum, ein anderes Milieu.

Die Herrenhäuser Gärten schließlich sind in ihrer geometrischen Pracht, ihrer zivilisierten Vegetation Schauplatz von Festwochen, die sich über den ganzen Sommer hinziehen. Das kleine Fest im Großen Garten, wo in den Nischen und auf den Plätzen des Gartens Kleinkünstler auftreten, zwischen denen ein amüsiertes Publikum hin und her wandelt, ist eine hannoversche Erfolgsidee, derer man Jahr für Jahr nicht müde werden kann. Die überwältigenden Feuerwerke und Illuminationen sind die Höhepunkte der Festwochen in einer Stadt, deren Bewohner sich seit der Expo als »Spanier des Nordens« fühlen dürfen.

Doch es ist nicht nur zweckfreier Hedonismus unter seinesgleichen, der das neue Lebensgefühl der Hannoveraner auszeichnet. Sie haben offenbar auch viel Spaß daran, sich Gäste einzuladen. Die »Messemutti«, die ihrem Übernachtungsgast nicht nur die Eier weich kocht, sondern auch den Knopf wieder an die Anzughose näht, ist eine Urgestalt der hannoverschen Nachkriegsgeschichte. Hannovers Messe ist eine Nachkriegs-Erfolgsstory wie die D-Mark und der VW-Käfer. Angeregt von den britischen

Landesbischöfin Margot Käßmann in ihrem Amtssitz und beim morgendlichen Lauftraining am Maschsee. Die Powerfrau der Kirche läuft hin und wieder Marathon.

Unten: 2006 war Herbert Schmalstieg der dienstälteste Oberbürgermeister Deutschlands. Er übergab nach 33 Jahren im Amt das Zepter an den 49 Jahre jungen Stephan Weil.

Besatzungsoffizieren mit dem Zweck, Deutschland durch Exporte wieder auf eigene Beine zu stellen, schloß schon die erste Messe 1947 mit 1.934 Exportaufträgen im Wert von 31,6 Millionen Dollar ab. Jahrzehntelang wuchs die Messe im Gleichschritt mit der deutschen Industrie. Genau im richtigen Moment, zum Beginn des Computer-Zeitalters 1986, wurde der mit den Jahren immer größer gewordene Ausstellungsteil für Bürokommunikation von der übrigen Messe abgetrennt. Das neue Kind, die CeBIT, wurde bald ebenso erfolgreich wie die Mutter. Im ganzen globalen Dorf des 21. Jahrhunderts ist Hannover im Frühjahr ein fester Begriff.

Jedes Jahr eine Woche lang der Welt größter Tummelplatz für die wichtigste Zukunftsbranche zu sein, hat das hannoversche Lebensgefühl bereichert und erweitert. Wie problemlos, selbstverständlich und unaufgeregt die Hannoveraner mit ihren auswärtigen Gästen umgehen, konnten auch die Expo-Besucher im Jahr 2000 erleben. Sie profitierten von der Schule der Gastfreundschaft, durch die Hannover in fast fünf Jahrzehnten Messe gegangen war, und die seitdem zu einem Wesenszug des neuen Hannoveraners geworden ist.

Auch als Gastgeber von weniger weltlichen Großveranstaltungen zeigt Hannover Herz wie kaum eine andere Stadt. Der Evangelische Kirchentag 2005 war ein solches Ereignis. Bei keinem Kirchentag waren die benötigten Gästebetten so schnell bei den Einheimischen akquiriert wie in Hannover, und die Organisatoren schwärmen noch heute von der Heiterkeit und Leichtigkeit, mit der die Stadt den Kirchentag beging. 400.000 Menschen – Hannoveraner und Gäste – standen am Eröffnungsabend mit Kerzen in der Hand am Leineufer und sangen »Der Mond ist aufgegangen« in die warme Nacht. Hannoveraner öffneten nicht nur ihre Türen, sondern auch ihre Herzen. Noch bis spät in die Nacht saßen sie mit ihren Gästen bei Schummerlicht und Wein auf Terrasse oder Balkon zusammen.

»Es gibt in Hannover eine hohe Akzeptanz für die Tatsache, dass die Kirche mitten ins Leben gehört«, sagt Margot Käßmann, seit 1999 eine von wenigen Bischöfinnen in Deutschland. Die gebürtige Marburgerin lebt seitdem in Hannover und mischt sich – energisch und mutig – in das Stadtleben ein. Ihr öffentlicher Einspruch gegen den Missbrauch der Vorweihnachtszeit als Verkaufsförderungsmaßnahme – »Advent ist im Dezember!« – brachte ihr den Missmut des hannoverschen Einzelhandels, aber viel Zuspruch von Menschen ein, die spürten, dass hier jemand seine Glaubenshaltung auch im Diesseits einnimmt. Wie stark das kirchliche Leben in Hannover ist, zeigt sich, wenn 52.000 Menschen an der langen Nacht der Kirchen teilnehmen oder 900 Besucher die Marktkirche beim Jubiläum des Bachchores füllen.

Im Zeitalter totaler Mobilität, die den Menschen aus seiner lebenslangen Haftung an die heimische Scholle löst, ist es kein unausweichliches Schicksal mehr, wo man sein Leben verbringt. Es scheint, als habe die stille Übereinkunft, in dieser Stadt sehr angenehm leben zu können, mehr und mehr um sich gegriffen. Was immer die Gründe sein mögen – die Feiern und Feste, die Gärten und Parks, die Fankurve im Stadion oder die Jogging-Runde um den Maschsee – man ist Hannoveraner aus Überzeugung und genießt das Vergnügen an der eigenen, selbst gewählten Stadt.

Marco und Suse (daneben und unten) bewohnen eines der neuen Gartenhofhäuser im Gilde Carré. Die Brauerei wich, Stadthäuser kamen. Die Betontürme des Ihmezentrums im nördlichen Rücken, erfreuen sich die Bewohner in diesem neuen Wohnviertel an ihren Gärten – und das mitten im Stadtteil Linden.

Links: Neues Leben in der Wurstfabrik – gelungene Umnutzung einer Industriebrache in ein Wohnviertel im Ahrberg-Viertel.

Zuhause in Hannover

Der einzige Grund für Marco, Anfang 1999 nach Hannover zu ziehen, war die Tatsache, dass man von hier schneller nach Hamburg kommt, als von seiner damaligen Heimat Vechta aus. Die Stadt an der Alster mit ihren großen Medienhäusern, in der der »Stern«, der »Spiegel« und die »Zeit« gemacht werden, war das Traumziel des damals 36-jährigen Journalisten.

Zwei Jahre später war die vermeintliche Durchgangsstation Hannover zur Dauerbleibe geworden. Inzwischen hatten der gebürtige Hesse Marco und seine Freundin Suse, eine Emsländerin, in Hannover geheiratet und waren in Linden-Mitte heimisch geworden. Umgezogen sind sie inzwischen und genießen heute den hausgemachten Pflaumenkuchen am Sonntagnachmittag im eigenen Garten und doch mitten in der Stadt. Marco und Suse haben im Gilde Carré, dem neuen Viertel zwischen Lindener Markt und Ihmezentrum, ein Haus gekauft.

Seit April 2003 entsteht dort, auf dem früheren Gelände der Gilde-Brauerei, einem Dreieck zwischen Blumenauer Straße, Stephanusstraße und Gartenallee, eine überwiegend aus dreigeschossigen Reihenhäusern bestehende Siedlung. Das Konzept, hier erschwinglichen Wohnraum mit kleinen Gärten für junge Familien zu schaffen, mit besten Anbindungen an den gewachsenen Stadtteil und die nahe City, ist erfolgreich. Die meisten Häuser sind bereits verkauft, nur im östlichen Zipfel des Geländes wird noch gebaut.

Die geschlossene, von kleinen Fensterreihen gegliederte Front der Siedlung zur Blumenauer Straße hin wirkt auf flüchtige Beobachter abweisend und hat manchen vorschnell von den »Karnickelställen« sprechen lassen, in die ihn keine zehn Pferde kriegen würden. In der Tat zeigt das Gilde Carré dem sich gegenüber auftürmenden Ihmezentrum die kalte Schulter. Zur anderen Seite hin, wo im Südwesten die schönen Altbau-Straßenzüge rings um den Lichtenbergplatz liegen, öffnen die Häuser dagegen ihre Glasfronten und davor liegende Gärten.

Die strikte Ausrichtung zur Sonnenseite hat den schönen Nebeneffekt, dass man das Ihmezentrum von kaum einem Punkt im Inneren der Siedlung aus sehen kann.

Marco und Suse haben sich für den Typ des Winkelhauses entschieden, wo der Garten wie ein Atrium von zwei Haus- und zwei Mauerseiten uneinsehbar umfasst wird. Das Wohnzimmer, in das der Essplatz und die moderne Küche übergehen, öffnet sich hinter einer glasüberdachten Terrasse zum Garten hin. Der Innenarchitektur sieht man sofort an, dass der Genussmensch Marco kaum etwas mehr schätzt, als mit guten Freunden gemeinsam zu kochen, zu essen und zu trinken.

Dass aus Auswärtigen, die es beruflich nach Hannover verschlägt, nach kurzer Zeit Sesshafte werden, ist ein hier häufig anzutreffendes Phänomen. Gerade wer nicht in Hannover aufgewachsen ist, hat den Blick für die großen Vorzüge dieser Stadt. Und es ist meist ein ganz bestimmter Stadtteil, eine Nachbarschaft, aus der man nicht mehr fort will. Marco und Suse sind Lindener aus Überzeugung geworden – Linden-Mitte, um genau zu sein. Während in Linden-Nord und Linden-Süd zur Industrialisierung Ende des 19. Jahrhunderts die ersten hannoverschen Arbeiterviertel entstanden, ließen sich in einigen Straßenzügen in Linden-Mitte,

Der Spargelacker in Seelhorst: Als Ergebnis eines Wettbewerbs für den sozialen Wohnungsbau wurden hier in den frühen 90er-Jahren statt der bis dahin üblichen Wohnblocks gestaffelte und aufgelockerte Baukörper errichtet.

Links: Baudezernentin Uta Boockhoff-Gries gehört zu den Pionieren der vor 20 Jahren bezogenen Grasdachsiedlung in Lahe. Um die letzte Sonne am Sonntag einzufangen, hat sich die engagierte Stadtplanerin mit Lektüre auf das Dach ihres Gartenhofhauses zurück gezogen – der Wiese über dem Wohnzimmer.

am Fuß des Lindener Berges, die zu Reichtum gekommenen Fabrikanten nieder. Heute hat ein neues Bildungsbürgertum in den großzügigen Altbauwohnungen Quartier genommen und rings um den Lindener Markt hat sich eine lebendige Szene von Läden, Restaurants und Kneipen entwickelt.

Hier gelang es Marco und Suse rasch, neue Freunde zu finden. Trotz seiner Größe ist Hannover überschaubar geblieben – und deshalb geselliger. »In Hamburg etwa schotten sich die verschiedenen Szenen, Kreise und Milieus viel mehr von einander ab«, weiß Marco heute, »die Hannoveraner sind offener und kennen nicht diesen hanseatischen Standesdünkel. In der Atmosphäre der kleinen Großstadt Hannover gedeiht ein großes Maß an Individualismus«.

Diese Mischung aus nachbarschaftlicher Nähe und städtischer Freiheit des Lebensstils hat Marco und Suse von Hannover überzeugt. Für Suse kommt ein zweiter Standortvorteil hinzu: Die 38-jährige Unternehmensberaterin betreut Kunden in ganz Europa und Südamerika, muss sehr viel reisen. Eine Stadt mit einem internationalen Flughafen ist dafür die richtige Basis. Aus Hannover kommt man nicht nur gut weg, sondern ebenso rasch und gern wieder her, hat Suse erfahren: »Es gibt nichts schöneres, als nach einem langen Flug wieder zurück in die Stadt zu fahren und hierher nach Hause zu kommen«, sagt sie.

Das Gilde Carré ist eines von vielen Projekten, mit denen in Hannover Industriebrachen in lebenswerten Wohnraum verwandelt werden. Insbesondere die lange stiefmütterlich behandelten Lagen an Hannovers Flüssen und Wasserstraßen bieten heute attraktive Reserven für die Stadtentwicklung. Es begann mit den Wohnungen auf der Wasserseite des Ihmezentrums und ging weiter mit dem erfolgreicheren Projekt der Leineinsel in Hannovers Süden, wo auf dem früheren Gelände der Döhrener Wolle mitten in der Leineaue ein ganzes Wohnquartier entstand.

Die nächsten Wasserquartiere sind schon ausgemacht. Der »Lister Blick« auf dem früheren Gelände der Verwaltung des Keksfabrikanten Bahlsen soll als Grundstück für 400 Wohnungen dienen, direkt am Wasser, mit einer Gracht an der 14 Kilometer langen Grünzone am Mittellandkanal. Und in der künftigen »Wasserstadt Limmer« sind 650 Wohnungen geplant – auf einem traumhaften Grundstück im spitzen Winkel zwischen Stichkanal Linden und Leineverbindungskanal, am Rand des Landschaftsschutzgebiets, dort, wo heute noch die nutzlos gewordenen Fabrikgebäude des hannoverschen Reifenherstellers Continental stehen.

Im Aufbau der Nachkriegszeit ging es darum, so schnell und so kostengünstig wie möglich Ersatz für den im Bombenhagel zerstörten Wohnraum herzustellen. Trotzdem wurde schon damals durch aufgelockerte Bebauung, Beschränkung auf die traditionell maximal vier Wohngeschosse der Siedlungen und durch großzügige Grünflächen Qualität geschaffen. Die Nachkriegswohnsiedlungen in Oberricklingen oder Mittelfeld sind schöne Beispiele dafür. Platz war in dem fast gänzlich zerstörten Hannover ausreichend vorhanden. In den Siebzigern verließ man diese Linie. »Größer, höher, dichter, hieß damals das Motto«, sagt Stadtbaurätin Uta Boockhoff-Gries. Man versprach sich Urbanität durch Dichte. Es entstanden neue Stadtteile voller Hochhaussiedlungen auf dem Mühlenberg, im Roderbruch, in Vahrenheide und im Sahlkamp. Hier werden heute bereits die ersten Wohnburgen geschliffen – es wird zurückgebaut. Wohnungsnot gibt es nicht mehr.

Ende der Siebziger besann sich Hannover dann auf die Substanz seiner heruntergekommenen Altbauten in Linden oder der Nordstadt und belebte mit umfangreichen

Links: Auf dem Gelände der Continental-Gummiwerke in Limmer soll am Stichkanal Linden bald eine einzigartige Wasserstadt neue Bewohner anlocken.

Rechts: Ebenfalls am Wasser gelegen entstand am Mittellandkanal ein neues Bürocenter mit Blick auf den Jachthafen.

Sanierungsprogrammen deren urbane Qualität. Gleichzeitig entstanden neue Quartiere in erstaunlicher Vielfalt. Hannover wurde in den Achtzigern und Neunzigern zum Experimentierfeld für das Wohnen der Zukunft: Auf den Laher Wiesen wuchs die erste ökologische Mustersiedlung mit ihren Grasdächern über umweltverträglichen Holzbauten und lockte Architekturstudenten und Stadtplaner aus ganz Europa an. In ehemaligen Fabriken, wie dem Ahrbergviertel in Linden-Süd oder dem Pelikanviertel in der List, schuf man innovative Mischungen aus Kleingewerbe, Büroraum für Freiberufler und attraktiven, loftartigen Wohnflächen. Auf dem Spargelacker in Bemerode wurde sozialer Wohnungsbau abseits der Betontristesse angelegt. Und auch die Viertel der zwanziger und dreißiger Jahre, wie die Gartenstadt Kleefeld, die Häuser um den Geibelplatz oder der Brüggemannhof, wurden wiederentdeckt und -belebt.

Mit Hilfe des Steuerrechts waren junge Familien in Deutschland jahrzehntelang gleich zweimal für die Flucht aus der Stadt belohnt worden: Durch die Eigenheimzulage wurde der Bau des Häuschens erschwinglich gemacht, mit der Pendlerpauschale gab es einen Zuschuss zu den Kosten der täglichen Autofahrt zur Arbeit in die Stadt. Die Folge sind heute endlose Siedlungsgebiete vor den Toren der Stadt, in denen sich auf engsten Parzellen die Fertighäuser drängen, und verstopfte Ausfallstraßen in alle Himmelsrichtungen. Diese Entwicklung hat die Umlandgemeinden reich und die Städte arm gemacht.

Hannover ist davon nicht ausgenommen. Die Innenstadt selbst lockt zwar mit ihren hochwertigen Auslagen die Käufer von weither an, doch die traditionellen Einkaufsstraßen der Stadtteile leiden unter Auszehrung und wirken an vielen Stellen schäbig, abgestoßen und voll von Ramsch. Die ungesunde Alters- und Sozialstruktur – Folge des Wegzugs der jüngeren, kaufkräftigen Schichten – stellt die Stadt vor große finanzielle Probleme. Wie überall in der deutschen Gesellschaft verschwindet auch in Hannover allmählich die breite Mitte: Billige Wohnungen – selbst an lärmgeplagten Ausfallstrecken wie der Vahrenwalder Straße – sind ebenso leicht zu vermieten, wie Luxusimmobilien mit Marmorbad und Dachterrasse. Man kauft bei Aldi und Cartier.

Aber Hannover hat nicht resigniert, sondern mit zahlreichen Bauprojekten wie dem Gilde Carré an vielen Stellen Antworten auf die Stadtflucht entwickelt. »Früher hieß Stadtentwicklung automatisch Wachstum«, erinnert sich Stadtbaurätin Boockhoff-Gries, »heute müssen wir den Wandel ohne Wachstum hinbekommen«. Dabei gibt es keine Patentrezepte. Durch eine Vielzahl von Stadtteilen mit unterschiedlichen Qualitäten bietet Hannover Angebote für verschiedene Lebensstile und Milieus.

Wenn der Staat sich bald den siedlungspolitischen Unsinn von Eigenheimzulage und Pendlerpauschale nicht mehr wird leisten können, könnte mancher die Rechnung neu aufmachen und den Weg zurück finden. Was die Stadtheimkehrer in Hannover zurückgewinnen, kann den Verlust an ein wenig mehr Wohnraum und einen Garten vor der Tür mehr als wettmachen. Schule, Uni oder Arbeitsstätte in der Nähe, ein reiches Kulturangebot, eine Vielfalt an Einkaufsmöglichkeiten vom 12-Quadratmeter-Kiosk um die Ecke bis zum Warenhaus auf fünf Stockwerken, Erholungsgebiete im Grünen und am Wasser, das alles bequem verbunden durch einen exzellenten Nahverkehr. Wer vermisst da noch seinen Jägerzaun?

»Stadtluft macht frei« bedeutete im Mittelalter: Wer der ländlichen Unterdrückung durch seinen Feudalherren entkommen konnte, indem er in die Stadt floh, war ein freier Mensch. Heute ermöglicht Urbanität die Individualität des Lebensstils, eingebettet in ein soziales Geflecht aus Freunden und Nachbarn.

Das gläserne Steg-Restaurant »Pier 51« wagt sich auf Stelzen in den Maschsee hinaus und ist auch im Winter beliebtes Ausflugsziel.

Unten: Von Halle keine Spur, aber ein Kiosk heißt in Hannover nun mal »Trinkhalle«. Weit über Tausend soll es davon geben. Sie versorgen auch nach Ladenschluss und sonn- und feiertags die Menschen.

Seite 35: Blick ins Herz der Landeshauptstadt: Marktkirche, der Landtag, das Neue Rathaus – unmittelbar im Grünen und am Wasser.

Vorwärts nach weit

Nachdem ich rund zehn Jahre lang jeden Werktag anderthalb Stunden im Auto auf der B 6 oder in der S-Bahn auf der Schiene verbracht hatte – morgens 45 Minuten Richtung Hannover und abends 45 Minuten Richtung Nienburg – konnte ich nicht mehr. Ich kannte auf der Ausfallstraße jeden Baum und Strauch mit Vornamen, hatte auf dem kleinen Parkplatz kurz vor Neustadt einen Stammplatz für ein fünfzehnminütiges Nickerchen, wenn mich spätabends der Sekundenschlaf zu überwältigen drohte, und die Gesichter der mitreisenden Pendler in der S-Bahn waren mir bald vertrauter als das meiner Mutter.

Auf dem Land gibt es im eigenen Garten wunderschöne Sommertage, aber auch endlose Winterabende, an denen sich um halb fünf die Dunkelheit auf das verregnete Dorf senkt und das einzige Lebenszeichen das ferne Gekläff eines Hofhundes ist. Weder Schützenverein noch Freiwillige Feuerwehr boten einen adäquaten Ersatz für die in der Stadt zurück gelassenen Freunde, Sonntagnachmittags brummten mir die ihre Pflichtflüge absolvierenden Privatpiloten in ihren Propellermaschinen vom nahe gelegenen Sportflugplatz über dem Kopf herum, und meine dörflichen Nachbarn waren alle nett und freundlich zu mir und luden mich zu ihren Geburtstagsfeiern ein. Aber ich blieb ein Exot aus der Stadt.

»Fremd bin ich eingezogen – fremd zieh ich wieder aus«, singt der hannoversche Bariton Thomas Quasthoff in der Winterreise von Schubert so schön. Nach zehn Jahren zogen meine Lebensgefährtin und ich wieder zurück in die Stadt, in der wir uns vor 25 Jahren kennen gelernt hatten.

Was hatte mir auf dem Land gefehlt? Was zog mich wieder zurück in die schönste Stadt der Welt? Das warme Licht, das aus der Tür einer Kneipe auf das regennasse Pflaster des Viertels hinter der Uni fällt? Der Blick aus dem dritten Stock eines Altbaus auf eine Lindener Straße im Schein der Straßenlaternen? Der Geschmack eines 24 Monate alten französischen Bergkäses, den es beim Händler auf dem Stadtteilmarkt am Sonnabend Vormittag zu kosten gibt? Oder der Milchkaffee im Straßencafé, wenn die Einkäufe erledigt sind und die passenden Weine für das Abend-Menü geplant werden? Ist es der griechische Nahversorger im Kioskfenster abends um halb zwölf, wenn er das Schlummerbier in die Plastiktüte packt? Oder der Straßenbahnfahrer am Morgen um Viertel nach acht, der mich nach dem Frühstück in den Tag hinein bringt? Der Maschsee im Geglitzer eines letzten Spätsommertages? Oder das zehntausendköpfige Raunen eines vollen Stadions bei einem Lattenknaller?

Je ferner man eine Stadt anschaut, desto näher schaut sie zurück. Schwitters hatte Recht – Hannover ist beides. Von hinten gelesen heißt die Stadt: Re von nah – und das Gegenteil davon bedeutet: Vorwärts nach weit. Was soviel bedeutet wie: Hannover ist die schönste Stadt der Welt.

MARITIM

PROMENADE
PROMENADE
Europcar
T-Punkt

Der Bahnhofsvorplatz ist die Visitenkarte einer Stadt. Der heruntergekommene Ernst-August-Platz wurde vom Durchgangsverkehr befreit und mit Bäumen, Brunnen und einem Lichternetz neu gestaltet. Da freut sich auch König Ernst August auf dem Pferd.

Rechtzeitig zur Expo wurde der Bahnhof mit großem Aufwand umgebaut. Großzügige Glasflächen machten aus dem einst zugigen Bahnsteigtunnel eine helle Laden- und Servicepassage. Auch der viele Jahre als Abstellkammer missbrauchte zweigeschossige Kaisersaal (nur für den Kaiser bestimmt, wenn er mal zu Besuch kam) dient nun der Gastronomie für jedermann.

Durch die Umgestaltung der in den 70er-Jahren gebauten Passerelle hat die Innenstadt nun wieder eine attraktive Bummelachse. Die »Niki-de-Saint-Phalle-Promenade« verbindet fußgängerfreundlich Kröpcke mit Raschplatz.

RATHS-APOTHEKE

Von der Markthalle geht der Blick hinüber zur Marktkirche, eingerahmt von Raths-Apotheke und dem Alten Rathaus, das im 15. Jahrhundert im Stil der Backsteingotik errichtet wurde. Um 1890 wurde es vom Architekten Conrad Wilhelm Hase, der mit einer Bürgerinitiative den Abriss verhinderte, um den »Dogenpalast« erweitert. Heute beherbergt das Rathaus das Standesamt, Designerläden sowie im überglasten Atrium Gastronomie.

Unten: Direkt gegenüber liegt die Markthalle. Ihre Vorgängerin mit einer weit spannenden Eisenkonstruktion wurde im Krieg schwer beschädigt. Deshalb errichtete man 1955 über den erhaltenen Kühlkellern den jetzigen rein funktionalen Bau, der Anfang der 90er-Jahre renoviert wurde. Hier im Bauch von Hannover herrscht in der Mittagszeit Hochbetrieb – dann ist oft kaum noch ein Stehplatz zu bekommen.

Blick vom Leibnizhaus durch die Kramerstraße zur Marktkirche. Die Fachwerkhäuser dieses Quartiers gehören zu den wenigen Bauten des mittelalterlichen Stadtzentrums, die der Krieg verschont hatte. Einige Häuser standen früher woanders; sie wurden zerlegt und hier wieder aufgestellt, um ein neues Altstadtensemble zu bilden. Der Holzmarktbrunnen ist die Spende eines Eisenwarenhändlers aus dem Jahre 1896.

Blick vorbei am klassizistischen Wangenheim-Palais zur Marktkirche. Im Sommer verbreiten Promenade und Restaurants am Hohen Ufer der Leine lebensfreudige Atmosphäre.

Der Ballhofplatz ist ein weiterer Mittelpunkt der Altstadt. Neben historischen Fachwerkhäusern befindet sich hier auch das Ballhof-Theater. Während des Altstadtfestes steht der Ballhof ganz im Zeichen des Tango Argentino.

Hier wird Landespolitik gemacht: Seit 1965 tagt im ehemaligen Leineschloss der Niedersächsische Landtag. Im 19. Jahrhundert hatte Hofbaumeister Laves auf dem Grund eines Klosters das Leineschloss erbaut, von dem aber nur noch der klassizistische Portikus erhalten geblieben ist. Im Hintergrund das ebenfalls im Krieg zerstörte und rekonstruierte Leibnizhaus.

Das Neue Rathaus: Erstbesucher vermuten in dem 1913 von Kaiser Wilhelm II. eingeweihten Prunkbau ein Schloss. Der Grundriss ist auch Barockschlössern nachempfunden, aber hinter der Fassadenmixtur von Historismus und Jugendstil versteckt sich ein Verwaltungsbau. Mitten in der Stadt wie die meisten Rathäuser, aber auch mitten im Grünen.

Seite 47: 88 Mal war Hannover während des Zweiten Weltkriegs Ziel von Bombenangriffen, die nächtlichen 40 Minuten am 9. Oktober 1943 waren die verheerendsten. Hannover lag in Schutt und Asche. Auch über 60 Jahre später löst allein der Anblick dieses Stadtmodells im Neuen Rathaus tiefe Betroffenheit aus. Das Neue Rathaus war einer der wenigen Bauten, die den Krieg überstanden.

Hofbaumeister Laves plante 1852 den spätklassizistischen Prachtbau der königlichen Oper, die 1943 ausbrannte und entkernt wieder aufgebaut wurde. Die kupfernen Fabeltiere, die auf dem Giebelfirst die Harfe (Symbol der Muse) halten, stellen das Flügelross Pegasus dar. Es steht für Kreativität.

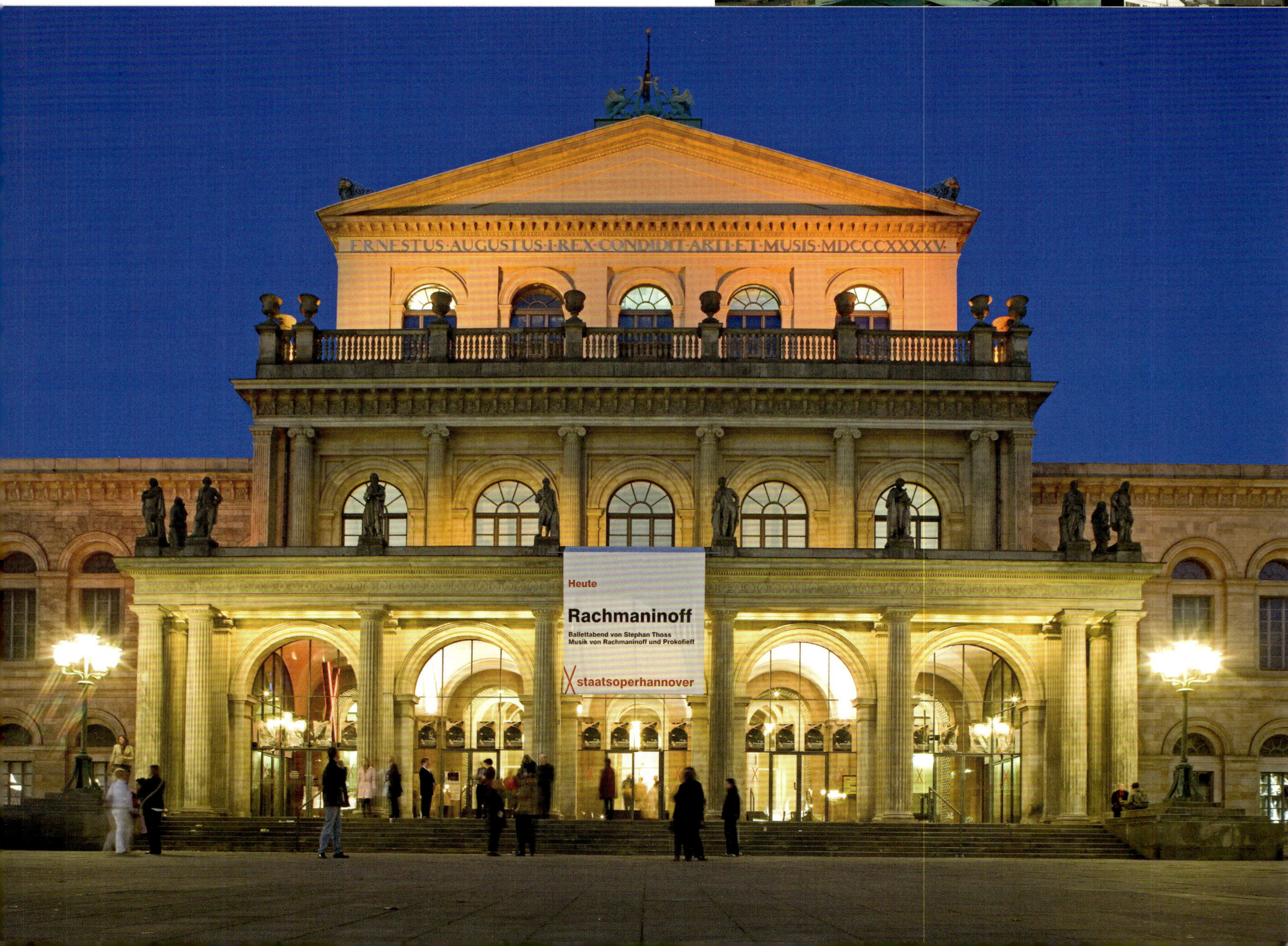

Über 960 Menschen arbeiten für Oper und Schauspielhaus: als Sänger, Tänzer, Mimen, Regisseure, Dramaturgen, Bühnentechniker, Schneider, Schuster und und und. Im Fundus warten 15.000 Paar Schuhwerk und in gewaltigen Magazinen 40.000 Kostüme auf ihren Einsatz. Mit viel Leidenschaft trainiert Ballettdirektor Stefan Thoss hier sein Ensemble. Durch seine Ballettkreationen hat er sich international einen hervorragenden Ruf erworben.

Im Jahre 1992 wurde das niedersächsische Staatstheater auf dem Gelände der ehemaligen Cumberlandschen Galerie gebaut.

Der von den Architekten Paillard und Leemann geplante Theaterbau ist mit weiß lackierten Aluminiumplatten verkleidet und bietet 630 Plätze. Eindrucksvolles Entrée in die Welt des Theaters ist das mehrgeschossige Foyer. Für Shakespeares »Was ihr wollt« prägt ein überdimensionales Bücherregal das moderne Bühnenbild.

»Nach Dienstschluss im Amtsgericht« heißt eine Produktion des experimentierfreudigen Theaters »fensterzurstadt«. Spielstätte ist nicht nur der monumentale Treppenaufgang des neobarocken Amtsgerichts am Volgersweg. Im Laufe des Abends lernen die auf mehrere Gruppen aufgeteilten Zuschauer das »Labyrinth des Rechts« (Neue Presse) ausgiebig kennen.

Teile der Cumberlandschen Galerie wurden in den Theaterbau des neuen Staatstheaters einbezogen. Nur das alte Treppenhaus mit seinen gusseisernen Säulen blieb erhalten. Lange diente das Treppenhaus als Requisitenkammer, heute ist es Spielort, Bühne und Zuschauertribüne zugleich. An diesem Abend inszenieren vier Kostümdesignabsolventen zusammen mit Studenten der Hochschule für Musik und Theater ihre Abschlussarbeiten.

Aus der Vogelperspektive wird die ideale Lage der neuen AWD-Arena im Grüngürtel der Leinemasch deutlich. Für die Fußballweltmeisterschaft 2006 wurde das in die Jahre gekommene Niedersachsenstadion komplett modernisert. Alle 50.000 Sitzplätze sind jetzt überdacht.

Die Sicht aus dem Hubschrauber über Leine und Leineabstiegskanal in Limmer geht weit ins Umland. Im Hintergrund ist das alte Conti-Gelände in Limmer zu erkennen – bald die neue Wasserstadt.

Das Ensemble der Herrenhäuser Gärten besteht aus dem Großen Garten, Berggarten, Georgengarten und Welfengarten.

Seite 56: Berggarten – seit Mitte des 18. Jahrhunderts wird der ehemalige Küchengarten des Herzogs als botanischer Garten betrieben. Ein Besuch ist zu allen Jahreszeiten empfehlenswert, nicht nur im Frühsommer, wenn die Blütenpracht zu explodieren scheint.

Unten: Der Leibniztempel mit seinen zwölf ionischen Säulen wurde zwischen 1787 und 1790 erbaut, ursprünglich stand er allerdings auf dem Waterlooplatz. Erst im Jahr 1935 wurde er in den englischen Garten Herrenhausens, den Georgengarten, versetzt.

Aus der Vogelperspektive ist deutlich zu erkennen, dass das Bibliotheksgebäude des Berggartens und das ursprüngliche Regenwaldhaus (heute Sealife) genau in der Achse der ursprünglich 1726 angelegten Herrenhäuser Allee liegen.

32 Figuren aus der antiken Mythologie schmücken das »Große Luststück« im streng geometrischen Großen Garten.

Links: Seit 2003 ist die Grotte für alle zugänglich. Mit bunten Glas- und Spiegelscherben und grellbunten Polyesterfiguren verzauberte Niki de Saint Phalle eine über 300 Jahre alte Grotte, die lange nur als Lagerraum diente.

Oben: Der erhöhte, auf einer Sanddüne angelegte Bibliothekspavillon, 1819 von Hofbaumeister Laves zunächst als Wohnhaus des Gartenmeisters geplant, beherbergte einmal die herzogliche Gartenbibliothek.

Blick von der Grotte auf das Café im Feigengarten. Die strenge Form der »Schlossküche« und der angegliederten Gewächshäuser entspricht den symmetrisch angeordneten Feigenbäumen und der ebenso strengen Geometrie des Großen Gartens.

Unten: Das Wallmodenschlösschen oder auch Georgenpalais genannte Kleine Palais beherbergt seit 1950 das Wilhelm-Busch-Museum mit einer einzigartigen Sammlung der Werke Wilhelm Buschs. Hier werden nicht nur die Streiche von Max und Moritz im Original gezeigt, sondern auch kritische Grafik. International gilt das Ausstellungshaus inzwischen als »Deutsches Museum für Karikatur und kritische Grafik«. Seit kurzem kann man im Museumsgarten gepflegt Kaffee trinken.

An warmen Sommerabenden wird im Welfen- und Georgengarten königlich gefeiert. Großfamilien, Geburtstagsgesellschaften, Studenten und Müßiggänger bevölkern dann diese weitläufigen englischen Gärten.

Unten: Herbstfärbung auf der Herrenhäuser Allee. 1.300 Linden in vier Reihen fassen die zwei Kilometer lange Allee ein.

Seite 62: »Nur mit dem Herrenhäuser Garten können wir prunken, der in der That schön und wohlgehalten ist«, bemerkte einmal Kurfürstin Sophie. Verschneit wirken der »Borghesische Fechter« im Heckentheater, die Eckpavillons an der Graft, der Blick durch das »Goldene Tor« und die Brücke im Maschpark besonders märchenhaft.

Oben: Blick aus der Perspektive des zerstörten Schlosses über die Mittelachse des 300 Jahre alten Barockgartens, der mit seinen Heckengräben zu den besterhaltensten Barockgärten überhaupt gehört. Die große Fontäne schaffte es einmal auf 82 Meter Höhe und galt als die höchste Gartenfontäne der Welt. Heute muss sie nur noch 60 Meter hoch springen.

Seiten 64–67: Hannovers Skyline hat mit der neuen Nord/LB am Aegi eine neue »Landmarke« erhalten. Die Meinungen zu der gläsernen Architekturplastik des Architekten Günter Behnisch gehen weit auseinander: Begeisterung steht zuweilen vehementer Ablehnung gegenüber. Der Verwaltungsbau konkurriert zwar in der Höhe mit dem Neuen Rathaus, wirkt aber angesichts der dort gebotenen 1.500 Arbeitsplätze hinter 18.000 Glasscheiben erstaunlich filigran.

In Bemerode druckt die Verlagsgesellschaft Madsack nicht nur Hannovers Tageszeitungen HAZ und NP, sondern auch einen Teil der Bild und Bild am Sonntag. Bis zu einer Million Exemplare können hier pro Nacht belichtet, gedruckt, gefalzt und verpackt werden. Die Werbebeilagen fahren an der Hallendecke Achterbahn, bevor sie vollautomatisch in die Zeitungen fallen.

Seite 69: Die Hannoversche Allgemeine Zeitung wurde bis 1974 in der Rotation hinter dem Anzeigerhochhaus gedruckt. Das von Fritz Höger geplante »Zeitungshochhaus« wurde im Stil des Klinker-expressionismus entworfen. Heute hat die HAZ in der 1988 wieder hergestellten Schalterhalle des »Medienzentrums Hannover« eine Dependance für ihre Leser.

Nach Zeitungsbuchstaben nun die berühmten Buchstaben des Russisch Brots und Kekse.

Bahlsen wurde 1889 als Fabrik für »Dauer-Cakes« gegründet. Die »Leibniz-Cakes« – später in »Keks« umgetauft – wanderten schon ab 1905 ihren Weg vom Fließband in die ganze Welt. Heute laufen die Kekse (»nur echt mit 52 Zähnen«) nicht mehr im Haupthaus am Lister Platz vom Band, sondern in Barsinghausen.

Seite 71: Seit fast 100 Jahren wird das süße Alphabet nun verkauft. Ob es nach der damals größten Zielgruppe, dem russischen Adel, oder nach »Rösches Brot« benannt wird, bleibt ungeklärt. Auf jeden Fall muss es knusprig und braun sein. Die Backstraße ist so lang, dass der Bäcker es nur per Fahrrad schafft, das richtige Mittelbraun sicher zu stellen.

Das MOCA im Tiedthof ist einer der hiesigen Pioniere auf dem Weg vom Filterkaffee zum Latte Macchiato. Hier wird der Kaffee zudem frisch vor Ort geröstet. Neben Caféhaus-Ketten öffnen auch immer wieder stilvolle kleine Café-Oasen, wie das Panama in der Kamarschstraße. Am Küchengarten kombinieren die WASCHweiber mutig Waschsalon mit Café-Kultur.

Seite 73: In der Holländischen-Kakao-Stube steht der Kaffee zwar nicht im Mittelpunkt, doch umgeben von Kacheln im Delfter Blau hat hier echte Kaffeehauskultur überlebt. Außerdem gibt's die beste »Wiener Schokolade« der Welt.

Samstags und dienstags ist Markttag auf dem Lindener Markt, dem wohl beliebtesten Wochenmarkt der Stadt. Der langgestreckte Stadtplatz entstand um die Jahrhundertwende, noch bevor die Stadt Linden 1920 eingemeindet wurde.

Linden-Mitte gewinnt an Schwung. Während in der nahen Limmerstraße die Stimmung schon fast ins Negative zu kippen droht, herrscht zwischen Lindener Markt und Lichtenbergplatz fröhliches Treiben. Fast im Monatstakt eröffnen neue, spannende Läden, wie Frau Zimmer, Ey Linda oder Astrid Ries' Hutladen Hut Up. Die Schmuckdesignerin Susanne Nöhren war mit Aurix eine der ersten Kreativen am Platz.

Vor 80 Jahren war Linden noch eine selbstständige Stadt. Zwischen den unverputzten Ziegelbauten der Arbeiterquartiere lagen vereinzelt die Wohnlagen für Angestellte und Beamte, wie der Lichtenbergplatz oder hier im Bild die Beethovenstraße.

Linden ist als Wohnquartier sehr beliebt und hat viel zu bieten, seit neuestem sogar ein »Strand-bad« an der Ihme. Die Alternativen sind weit gefächert: vom Wohnen auf einem Hochbunker (Pfarrlandplatz) bis zu verträumten grünen Hinterhöfen und großräumigen Wohnungen hinter weinberankten Gründerzeitfassaden (Lindener Markt).

Der rotorange getünchte Keller des Jazz-Clubs auf dem Lindener Berg bietet Weltniveau. Pat Metheny, Chick Corea und Duke Ellington sind hier aufgetreten. Der Kontakt zu den Stars ist den Räumlichkeiten entsprechend hautnah. Nicht selten sitzt das Publikum wegen Überfüllung gleich mit auf der Bühne. »Jazz lebt von der Intimität« konstatierte einst Mike Gehrke, bis zu seinem Tod Präsident des Clubs. Der Jazz-Club verfügt auch über ein legendäres Archiv seltener Schallplatten und mehrerer Millionen Tonbandmeter.

Der Küchengarten-Pavillon im alten Stadtfriedhof stand einst im königlichen Küchengarten (heute Fössestraße). Alljährlich im März umrahmt den stillen Belvedere-Pavillon ein tiefblauer Teppich von Sternhyazinthen und Blausternchen. Für Spaziergänger wird der Ort dann zur Pilgerstätte.

Die von Harro Schmidt geleitete Kunsthalle in der 60er-Jahre-Halle des FAUST hat sich durch Ausstellungen und Kunstevents einen Namen gemacht.

Als 1989 nach fast 130 Jahren Tradition die Bettfedernfabrik in Konkurs ging, entstand durch Gründung eines Trägervereins 1991 das soziokulturelle Kulturzentrum FAUST. Das Zentrum bietet zahlreichen Stadtteilgruppen Raum und hat zur Ihme hin einen beliebten Biergarten. Der Bürgersender Radio Flora, ein ökologischer Gewerbehof und das »Tango Milieu« haben hier ein Zuhause. Ateliergemeinschaften gibt es, und Natalie Deseke kreiert ihr »KleinLauschMittel« aus Kaugummi-Automaten.

Das Restaurant Basil unter den historischen Backsteingewölben der 1867 errichteten königlichen Reitställe überzeugt nicht nur durch stilvolles Ambiente, sondern auch mit kreativen Menüs und einer globalen Weinkarte. Auch die Adresse, die Dragonerstraße, erinnert an vergangene Zeiten.

Die Stallungen der kaiserlichen Feldartilleriekaserne am Welfenplatz werden nach wie vor (fast) entsprechend ihrer ursprünglichen Bestimmung genutzt. Unter den sensibel renovierten, von gusseisernen Säulen gestützten, Ziegelgewölben haben die Hannoveraner der Reiterstaffel der Polizei ein Zuhause gefunden.

Seit 1529 wird in der ersten Juliwoche das Schützenfest gefeiert. Start ist der traditionelle Schützenausmarsch am Neuen Rathaus.

Stolz präsentieren schon die kleinsten Schützen, selbst kaum größer als ein Luftgewehr, Uniform und Abzeichen.

Viele Hannoveraner nehmen frei, um mit zu feiern, andere nehmen Urlaub, um dem zehntägigen Rummel zu entgehen. Im Laufe der Nacht wird das Schützenfest zur bunt glitzernden Partymeile. Riesenrad und Achterbahn überragen die Stadtsilhouette, und im Schleuderkarussell wirbeln die Besucher durch das Lichtermeer.

Der Herbst versetzt die Eilenriede in einen prächtigen Farbenrausch. Zwischen den überbordend leuchtenden Eichen und Rotbuchen schlendern Spaziergänger, joggen Freizeitsportler und schalten die Fahrradfahrer vom Alltag ab. Für sie bietet die Eilenriede 80 Kilometer Wanderwege und 545 Parkbänke.

Die Stadt, die ein begeisterter Besucher aus dem Trockengürtel Südafrikas »eine einzige grüne Flamme« nannte, wuchert mit Parkanlagen, die drei Großstädten zur Erholung gereichen würden. Kein Bürger, der nicht seinen ganz speziellen Lieblingspark hätte.

In Ahlem entstand in einer ehemaligen Mergelgrube und um einen historischen Kalkring-Brennofen herum ein neuer Park: der Willy-Spahn-Park (links). Der Hermann-Löns-Park ist ein typischer Volkspark der 30er-Jahre (unten).

Seite 91: Die von Kamel Louafi gestalteten »Gärten im Wandel« auf dem Expo-Gelände sind ein schönes Beispiel zeitgenössischer Gartenarchitektur (oben).

Der Landschaftspark Hinüberscher Garten am Kloster Marienwerder ist einer der frühesten Landschaftsparks Deutschlands (Mitte).

Den Von-Alten-Park unterhalb des Lindener Bergs betritt man über ein historisches Torhaus (unten).

Über dem Raschplatzpavillon, seit 1977 Heimat des ältesten alternativen Kulturzentrums der Stadt, schwebt als Wahrzeichen des ungebrochenen alternativen Geistes eine moderne Solarstromanlage.

Seite 93: Die Sprayer der Graffiticonnection verpassen dem Pavillon ganz legal ein neues Gesicht.

Detlef Simon, als Desimo stadtbekannter Conferencier, Zauberer und Komiker und seit 25 Jahren auf der Bühne, schlürft gern seinen Café Latte im beliebten Café Mezzo.

Eine von rund 350 Veranstaltungen pro Jahr im Pavillon: Die afrikanische Modemacherin Oumou Sy aus dem Senegal zeigte ihre Modelle beim Masala Weltmusik Festival 2004.

JEVER

Auf dem Pelikan-Gelände an der Podbi (oben) sind von den Fabrikanlagen des berühmten Füller- und Schreibwarenherstellers nur noch das Verwaltungsgebäude und der Turm des Maschinenhauses erhalten. Seit 1993 wird das Gelände in ein attraktives Wohn- und Gewerbegebiet umgestaltet.

Geibelplatz (Mitte) und Fiedelerplatz (unten): Geprägt von Klinkerbauten der 20er- und 30er-Jahre, ist die Südstadt das »bürgerlichste« Viertel Hannovers. Die vielen schönen Plätze der Südstadt täuschen ein wenig darüber hinweg, dass dieser Stadtteil nach dem Krieg zu vier Fünfteln in Schutt und Asche lag.

Die Wohnungen in der List und der Oststadt sind sehr gefragt. Nicht nur wegen der großen Wohnräume, der wunderschönen Gründerzeitfassaden und der Plätze. Die begrünten Höfe der Blocks bieten viel »Balkonien«.

Seiten 96/97: Die Luftaufnahme zeigt, warum die List so beliebt ist – die Nähe zur grünen Lunge Hannovers, der Eilenriede.

Aug' in Aug' mit einem Flusspferd – das ist eine der vielen Attraktionen im Erlebnis-Zoo Hannover. Weiträumige Gehege und Glas statt Gitter machen die Beobachtung von Löwen oder Gorillas zum besonderen Erlebnis aus der Nähe.

Afrikanische Savanne, Gorillaberg, Dschungel oder die 420 Meter lange Bootsfahrt auf dem Sambesi – die perfekt inszenierten Szenarien machen einen Besuch nicht nur für Kinder zum Abenteuer.

Der im indischen Stil errichtete Dschungelpalast (links unten) beherbergt nicht nur die Elefanten und Tiger. Abends – wenn die Tiere hoffentlich schlafen – dürfen hier auch schon mal hannoversche Maharadschas ihre Feste feiern.

Mehr als 60 Millionen Euro hat der Zoo in den letzten Jahren in Umbauten investiert und ihn zu einem der attraktivsten Europas gemacht. Traurig aber wahr: Unter den deutschen Zoos bekommt der hannoversche die wenigsten Zuschüsse – und hat doch große Ziele: Yukon Bay, der fünfte große Themenpark des Zoos, soll neue Heimat von Eisbären und Pinguinen werden. 22.000 Quadratmeter groß und mit spektakulären Einblicken.

Das 1979 eröffnete Sprengel Museum am Maschsee beherbergt die Sammlung des Schokoladefabrikanten Bernhard Sprengel. Viele der Kunstwerke waren von den Nazis als »entartete Kunst« gebrandmarkt worden. Sprengel vermachte der Stadt 1969 seine Sammlung und stiftete Geld zum Bau des Museums.

»Der Maurer« von Duane Hanson macht immer eine verdiente Pause. Unten steht Irene Mayer, Wachfrau der Kunst, in dem von Peter Bissegger rekonstruierten MERZbau. Den hatte der Dadaist Kurt Schwitters in seiner Wohnung in der Waldhausenstraße 5 ab 1923 begonnen und bei seiner Emigration nach Norwegen 1937 dort zurücklassen müssen. Zu diesem Zeitpunkt hatte der Bau – ausgehend vom Atelierzimmer – bereits acht Räume überwuchert und war prinzipiell unvollendet.

Dem Künstlerehepaar Niki de Saint Phalle und Jean Tinguely ist eine Ausstellung gemeinsamer Projekte im Sprengelmuseum gewidmet. Die Künstlerin vermachte dem Museum kurz vor ihrem Tod aus Liebe zu Hannover einen großen Teil ihres Lebenswerks.

Seite 106: Die Kestner Gesellschaft, 1916 gegründet, wurde 1936 von den Nazis verboten. 1997 zog der Kunstverein, mit über 3.500 Mitgliedern einer der größten Deutschlands, in das einfühlsam umgebaute ehemalige Goseriedebad am Steintor ein. Nicht nur die monumentale Jugendstilhalle bietet den wechselnden Ausstellungen internationaler Künstler den angemessenen Rahmen. Die beiden Wachmänner Peter Kroll und Remy Musema stehen vor ihrem Lieblingsbild der Malerin Sarah Morris.

Oben: Der Kunstverein, gegründet 1832 als einer der ersten Kunstvereine in Deutschland, hat seit 1856 seinen Sitz im Künstlerhaus in der Sophienstraße. Das Mitte des 19. Jahrhunderts vom Architekten Conrad Wilhelm Hase als Museum konzipierte Haus im hannoverschen Rundbogenstil bietet mit seinen klassischen Oberlichtsälen ideale Ausstellungsbedingungen.

Unten: Im Kestner-Museum neben dem Rathaus ist der kolossale Portikus des im Krieg zerstörten Museums integriert. Von ägyptischer und antiker Kunst, einer wertvollen Münzsammlung bis hin zu zeitgenössischem Design zeigt das Museum immer wieder herausragende Sonderausstellungen, wie etwa »2000 Jahre Christentum am Nil« oder »Ostdeutsches Design mit Tradition«.

Seiten 108/109: Blick aus der Vogelperspektive über das Strandbad des Maschsees hinüber zum Neuen Rathaus.

In den Überschwemmungsgebieten der Leinemasch entstand nach jahrzehntelanger Planung zwischen 1934 und 1936 als »Arbeitsbeschaffungsmaßnahme« ein Kunstsee: Citynah ist der Maschsee Hannovers beliebtestes Naherholungsgebiet.

Am Südufer gibt es ein Strandbad mit Liegewiesen und einem 300 Meter langen Sandstrand. Der Solarkatamaran »Europa« dient als Linienbus der Üstra zum Nordufer.

2,4 Kilometer lang und bis zu einem halben Kilometer breit ist der Maschsee. Obwohl nur zwei Meter tief, bietet der Kunstsee genügend Wasser unterm Kiel. Jachtschulen und Ruderclubs säumen die Ufer. Spaziergänger schätzen vor allem die Lindenalleen des Ostufers. Hier kann man noch die letzten Strahlen der Abendsonne einfangen.

Immer wieder schiebt sich das Neue Rathaus ins Blickfeld. In (seltenen) kalten Wintermonaten kann das Eis auch mal tragen. Dann zieht es Tausende, auch ohne Schlittschuhe, auf den zugefrorenen Maschsee.

Seite 115: Über dem Wasser gebaut und mit viel Aussicht – das Restaurant »Pier 51« am Rudolf-von-Bennigsen-Ufer ist zu jeder Jahreszeit einen Besuch Wert.

Seiten 118/119: Zwei Leistungssportlerinnen vom Hannoverschen Ruder-Club von 1880.

scher Ruder-Club von 1880

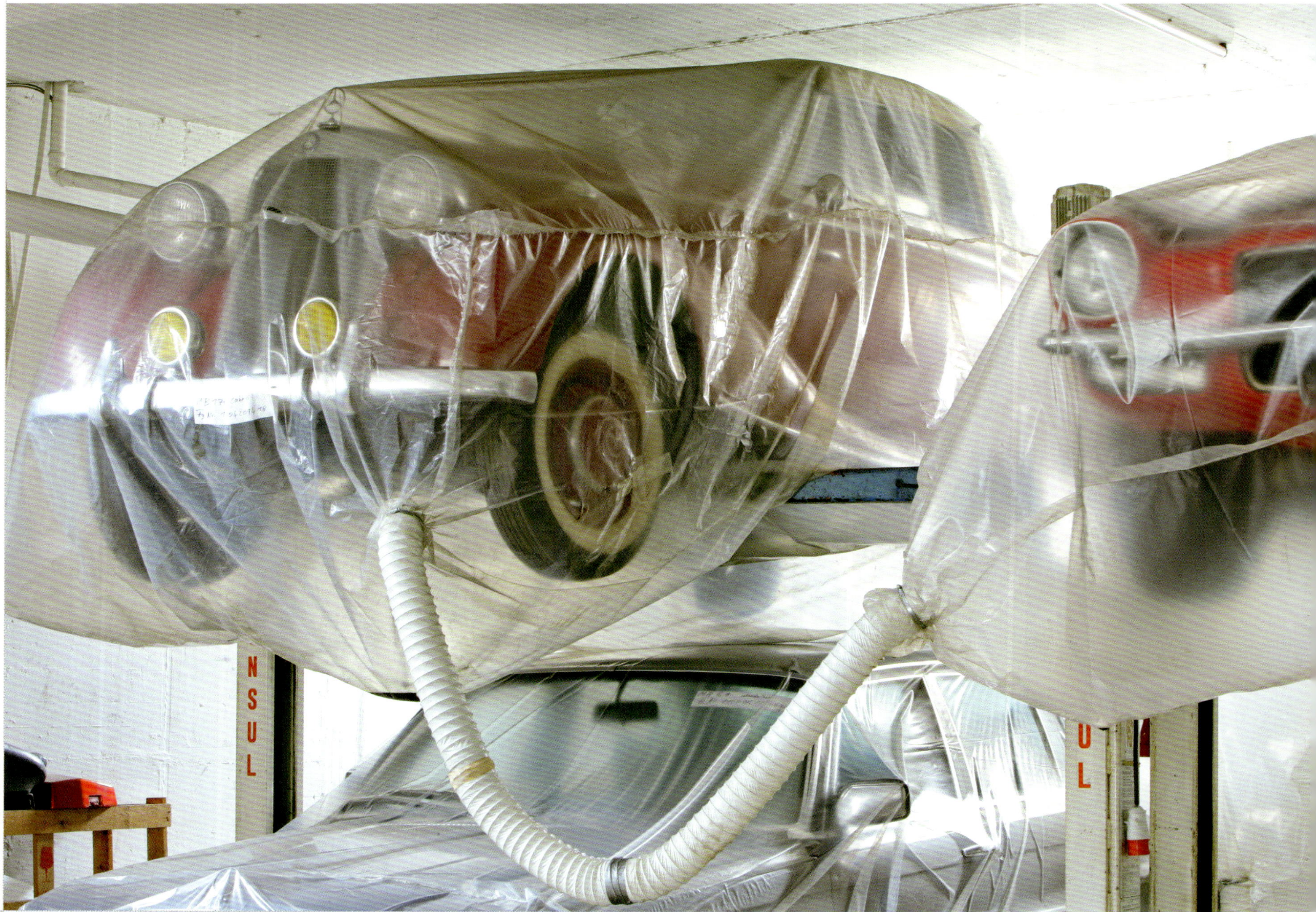

Vor über 25 Jahren begann Günter Artz damit, die letzten Käfer-Cabrios zu konservieren. Heute mottet er irgendwo in Vahrenwald für Kunden Automobile ein – nur für den Winterschlaf oder über lange Jahre. Eingeschweißt in PVC-Folien und mit einem ausgeklügelten Trockensystem versorgt, stehen heute diverse Oldtimer, Ferraris, Porsches für Sammler und Investoren in seiner Tiefgarage. Wie die VW-Cabrios warten sie darauf, eines Tages aus dem Dornröschenschlaf wachgeküsst zu werden und als Objekte zum Staunen wieder über die Straßen zu rollen.

Bei Conti richtet sich der Blick nicht in die Vergangenheit, sondern auf die Zukunft des Pneus. Die Continental-Werke hatten in Sachen Reifenentwicklung meist die Nase vorn. Profilreifen und die ersten schlauchlosen und pannensicheren Reifen wurden von der Conti zum Patent angemeldet. Auch heute sind die Ziele und Ansprüche sehr hoch. Nicht nur hohe Laufleistung und Stabilität sind gefragt, sondern die Reifen der Zukunft sollen auch möglichst leise sein. Computergesteuert und per Hand werden deshalb neue Reifenprofile geschnitten und im Soundlabor auf optimale Geräuschentwicklung getestet.

Mit dem »Bulli« begann 1956 die Erfolgsstory von Volkswagen in Hannover. Hier und am polnischen Standort Posen sind insgesamt im Jahr 2004 über 261.000 Großraumlimousinen und leichte Nutzfahrzeuge der Modellreihen Multivan, Transporter, LT und Caddy vom Band gelaufen.

14.504 Beschäftigte arbeiten heute im Werk Stöcken. In der Lackiererei besorgen zum großen Teil hochmoderne Roboter die schwere Arbeit. Ebenso im Karosseriebau, wo – wie von Geisterhand und im Minutentakt – komplette Karosserieteile zu einem Chassis verschweißt werden.

Professor Madjid Samii ist ein Mann der medizinischen Superlative. Das Gebäude seiner Klinik, das International Neuroscience Institute (INI), ist der Form eines menschlichen Gehirns nachgebildet. Der gebürtige Iraner ist eine weltweit anerkannte Koryphäe der Neurochirurgie und hat in seinem Leben rund 20.000 chirurgische Eingriffe und Operationen vorgenommen. Hier entfernt Dr. Samii, assistiert von seinem Sohn Dr. Amir Samii, in einer 90-minütigen Operation den Gehirntumor eines Patienten. Unterstützt wird er von einem zehnköpfigen Operationsteam, das über einen Monitor die Arbeit des Chefs mit dem Hochleistungsmikroskop verfolgen kann.

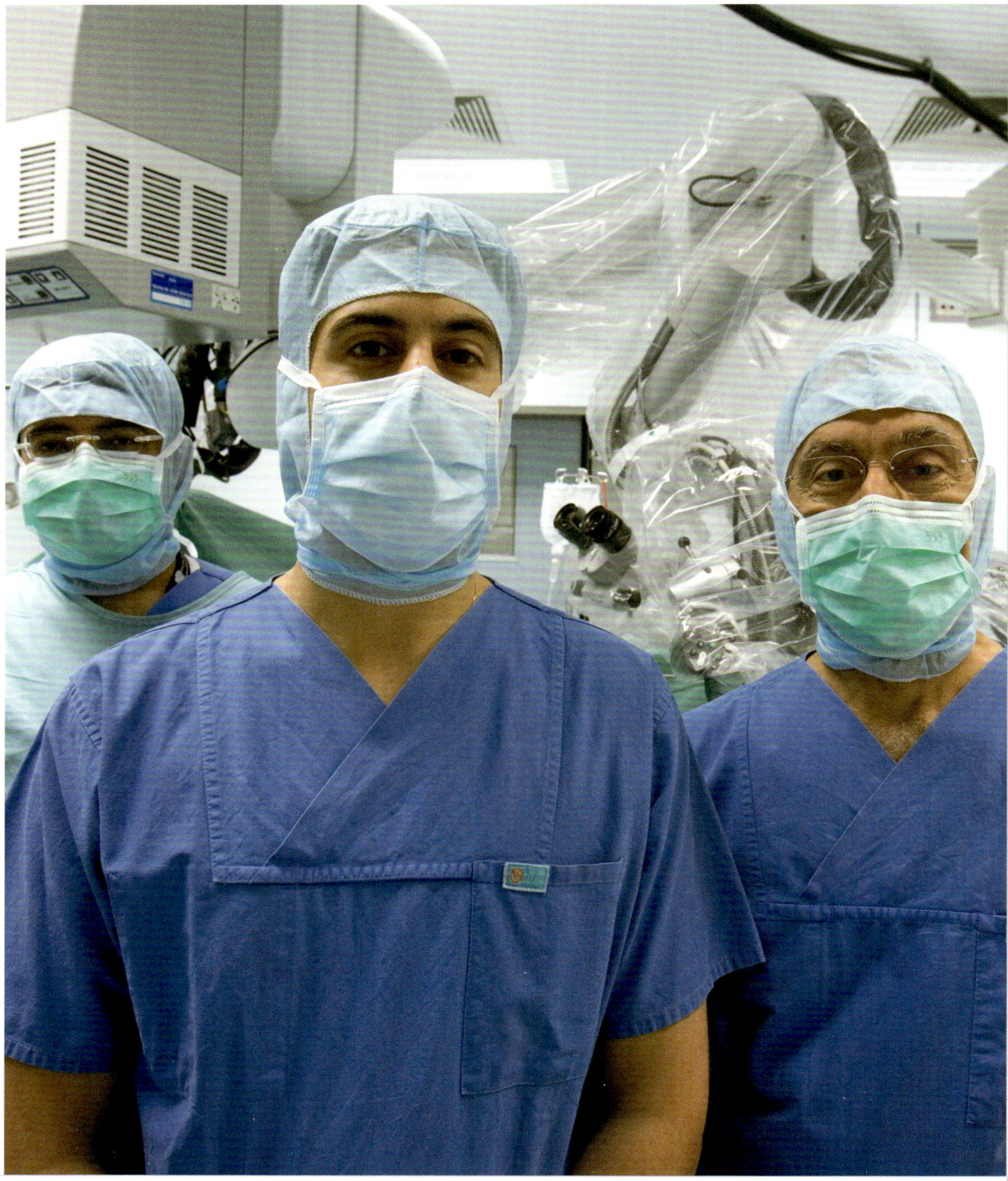

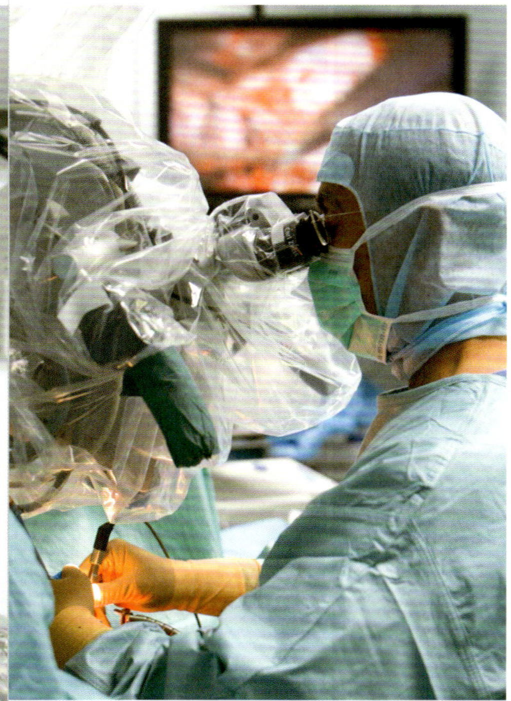

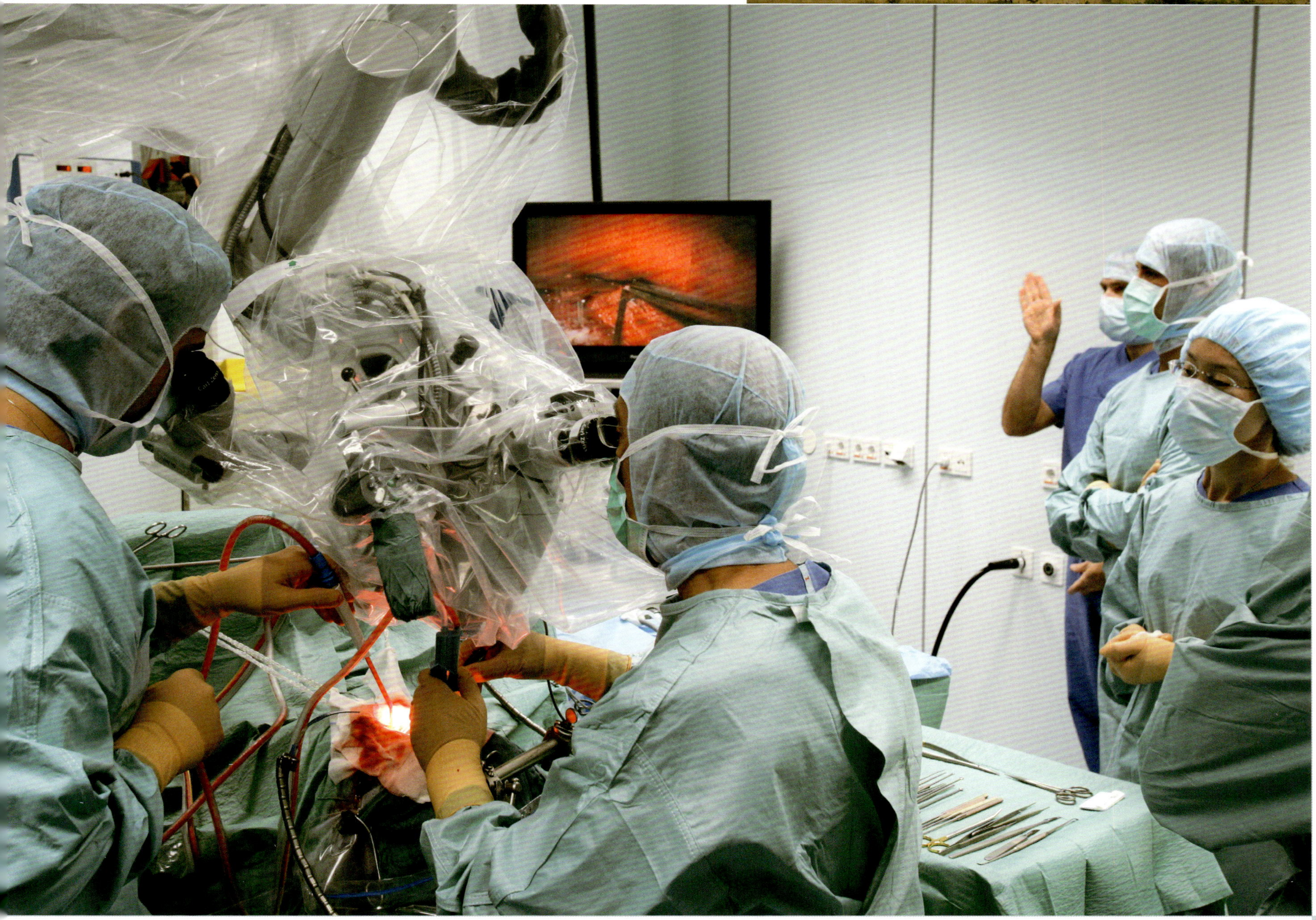

Die Marktkirche ist ein Monument norddeutscher Backsteingotik und das Zentrum des hannoverschen Protestantismus. Hier feierte 2005 der Bach-Chor seinen 100. Geburtstag mit einem Konzert.

Bischöfin Margot Käßmann betet vor dem 550 Jahre alten Passionsaltar der Marktkirche. Den Krieg hatte der Altar im Welfenmuseum überstanden. Für die engagierte Bischöfin macht der Glaube nicht an der Kirchenpforte Halt, sie mischt sich ins diesseitige Leben der Stadt ein und gilt den Hannoveranern als moralisch-ethische Autorität.

Das Kloster »Vien Giac« in der Karlsruher Straße ist eines der größten buddhistischen Klöster in Europa und Zentrum der in Deutschland lebenden Buddhisten. 1978 gründete ein aus Vietnam geflüchteter Mönch einen provisorischen Tempel.

Der jetzige Klosterkomplex mit 10.000 kleinen Buddhastatuen, Ahnentempel und Gebetshalle entstand Anfang der 90er-Jahre. Höhepunkte des Jahres sind das Chinesische Neujahrsfest, Buddhas Geburtstag und »Ullambana« (Gedenken an Eltern und Ahnen).

莊嚴

ANZEIGER
HANNOVER SCHE ALLGEMEINE Z
MERKUR
Spielothek

Üstra bedeutet »Überlandwerke und Straßenbahnen Hannover AG«. Der sperrige Name deutet an, dass das Unternehmen früher mit seinen Oberleitungen die Dörfer entlang der Strecke auch mit Strom versorgte.

Am Endpunkt Messe-Ost/Expo-Plaza warten die Silberpfeile, wie die Hannoveraner ihre Stadtbahnen nennen, auf das nächste Großereignis. Im Hintergrund leuchtet der »Kalimandscharo« des Salzbergwerkes bei Sehnde in der Abendsonne.

Seiten 128/129: Der von Alessandro Mendini entworfene »Busstop« verleiht dem Platz ein neues Gesicht.

Die zur Expo angeschafften Stadtbahnen bieten den Fahrgästen mehr Komfort und dem Fahrer einen klimatisierten Arbeitsplatz. Auch die neuen Busse der Üstra gleiten abgasarm durch die Stadt.

Ein einzigartiges Kunst- und Architekturprojekt brachte 1994 Hannovers Nahverkehr in die Schlagzeilen. Renommierte Designer, Architekten und Künstler durften neun Haltestellen gestalten – jede so individuell wie ihr Erfinder.

Oben nach unten: Frank O. Gehrys Schuppenpanzer am Braunschweiger Platz, die 1995 im Projekt »Hannover-New York Express« mit Graffiti gestaltete U-Bahn-Station Sedanstraße/Lister Meile, metallene Hörmuscheln von Wolfgang Laubersheimer in der Nieschlagstraße.

Oben rechts: Ettore Sottsass schuf am Königsworther Platz einen leuchtenden Tisch.

Mitte rechts: Die Walfischflosse von Heike Mühlhaus steht natürlich am Maschsee.

Unten rechts: An der Haltestelle Leinaustraße warten die Fahrgäste unter den grünen Dächern von Andreas Brandolini.

Unten: Massimo Iosa Ghini setzte ein Luftschiff vor das Rathaus.

Aus Hannovers größter U-Bahn-Station am Kröpcke, früher eine finstere, unübersichtliche Betongruft, schuf Massimo Iosa Ghini aus Bologna in nur fünfmonatiger Umbauzeit mit großflächigen Wandmosaiken und Lichtinstallationen eine moderne »Kathedrale des Nahverkehrs«. 150.000 Hannoveraner steigen hier täglich ein, aus und um.

Besonderes Schmuckstück der zahlreichen neuen S-Bahnhöfe Hannovers ist die Haltstelle Nordstadt in Hainholz. Die vom Architekten Hansjörg Göritz entworfene »Blaue Grotte« aus italienischen Glasbausteinen entfaltet ihre Wirkung vor allem nachts. Kein Wunder, dass sie auch »Blaues Wunder« genannt wird.

Das glasüberdachte Atrium machte aus dem Gründerzeitbau und ehemaligen Verwaltungsgebäude der Bahn das Ernst-August-Carree. In mediterraner Atmosphäre zwischen Palmen und Olivenbäumen finden hier regelmäßig auch die Musikevents des »Roten Salons« statt.

Die Georgstraße ist Flaniermeile und Schlagader der Innenstadt. Und sie führt unvermeidlich zur Kröpcke-Uhr, dem beliebtesten Treffpunkt Hannovers.

303
FAHRPREISE
1 km 2,50 €
2 km 3,50 €
3 km 4,50 €
1/2 Std. 7,50 €

2,50 € kostet der Kilometer Velo-Taxi am Kröpcke. Ein guter Preis, wenn die Einkaufstüten zu schwer werden. In der Galerie Luise und den Modetempeln wird Shopping groß geschrieben. Rund um den Opernplatz haben sich auch zahlreiche exklusive Boutiquen eingerichtet. Bei Donna gibt's den Glamour internationaler Labels, bei Terner geht's klassisch zu. Hier wird das Einmaleins des Dresscodes vermittelt. Was ist ein Modellanzug ohne richtige Manschetten?

Zwei Kultstätten für Brat- und Currywurst: das Plümecke in der List und das Bratwurst-Glöckle am Steintor.

Seit 60 Jahren ist die Gaststätte mit dem rustikalen Mobiliar und den preiswerten Wursttellern im Besitz der Familie Röhl. Ob die beste Currywurst Hannovers im Plümecke in der Voßstraße serviert wird, ist eigentlich unwichtig. Auch wenn man kein Fan von tellerlangen Würsten ist, lohnt sich ein Besuch allein schon der Atmosphäre wegen. Nach 18 Uhr wird es allerdings schnell rappelvoll – dann bestimmt die Wirtin die Sitzordnung. Und man hat zustimmend zu nicken.

Der jetzige Glaspavillon entstand Anfang der 90er-Jahre. Hier haben schon Gerhard Schröder, Christian Wulff und Prinz Ernst August von Hannover ihre Wurst im Stehen verdrückt. Die Griechin Pashalia Slafku steht seit 15 Jahren hinter dem Tresen des Glöckle und präsentiert hier mal eine Frikadelle.

Hinter der Christuskirche erschließt der Engelbosteler Damm die Nordstadt. Der aufwendige Ausbau dieser Hauptschlagader des Stadtteils hatte eine positive Wirkung auf die von studentischem Leben blühende Nordstadt. Das kleine Luftbild aus dem bevölkerungsmäßig jüngsten Stadtteil Hannovers zeigt die Sanierung an der Strangriede (siehe auch Seite 144).

Oben: Am E-Damm entstanden neue Café-Bars und Restaurants, in einem ehemaligen Möbelhaus etwa das Spandau. Die trendige Bar entwickelt sich zum Kulttreff – im Keller wird gekickert und sonnabendlich Bundesliga live geschaut, im Erdgeschoß diskutiert und geplaudert, ins OG locken Ausstellungen.

Unten: Die Lutherkirche wurde 1893 als neogotischer Sandsteinbau errichtet und fristete in den letzten Jahrzehnten ein eher tristes Dasein. Mit dem Umbau ist Leben in das verschlafene Gemäuer eingekehrt. Die Kirchenbänke sind Stühlen und Liegestühlen gewichen, ein Café wurde eingegliedert. Eine Chill-Lounge und Tanz locken ebenso wie der Jugendgottesdienst am Sonntag die junge Generation ins Gotteshaus.

Das Wohnprojekt WABE zwischen Strangriede und Edwin-Oppler-Weg gilt als vorbildliches Mehrgenerationen-Wohnprojekt. Die Wohnungen gruppieren sich um einen gemeinschaftlich genutzten Innenhof, Blockheizkraft und Photovoltaik sorgen für saubere Energie.

Zwischen alten Fabrikbauten und modernem Wohnungsbau entstand ein attraktiver Spielplatz mit Hängebrücke.

Grüne und ruhige Oase in der Nordstadt: Der Friedhof an der Strangriede (nicht zu verwechseln mit dem an der Oberstraße) ist einer der drei jüdischen Friedhöfe Hannovers.

Paradies für Klettermaxe: Im »Level Up« des »Werkhofs« kann sich jeder als Freeclimber üben.

Zwischen Kniestraße und der Strangriede wurden 1898 in der Fabrik der Gebrüder Berliner die weltweit ersten Schallplatten gepresst. Das ehemalige Fabrikgebäude der Grammophon wurde im Zuge der Nordstadtsanierung in ein Künstlerhaus umgewandelt, das von Theatergruppen und Ateliergemeinschaften genutzt wird. Zur Zeit der Fotoaufnahme stellten in der Grammophon-Halle sieben Kunstsammlerinnen der Gruppe »VierSieben« für ein Wochenende ihre über die Jahre gemeinsam erworbenen Exponate aus.

Seite 147: Die Ateliergemeinschaft »Block 16« gründete sich 1989 und richtete ihre Ateliers in einer ehemaligen Textilreißfabrik ein. Die Bilder von Jens Hoff (vor seinen Portraits), Nigel Packham (pausierend im Sessel) und das Gruppenbild geben Einblick in die Aktivitäten der Künstlerkolonie.

In diesen Büros ist immer Sommer. Das gesamte Bürogebäude der Finanz IT auf dem Kronsberg wird von einem Glasdach überspannt. Das macht teure Klimaanlagen überflüssig und spart Energie. In die Büros flutet Tageslicht, die begrünten Innenhöfe laden zur Besprechung oder entspannten Mittagspause ein.

Die Glasdächer am Kronsberg ruhen auf Stahltragwerken und wurden strömungstechnisch optimiert. Kein Herbststurm kann ihnen etwas anhaben.

Gewerbegebiete müssen nicht hässlich sein. Zu den Außenanlagen gehören ausgedehnte Grün- und Wasserflächen.

380 Meter ist das »Bürogebäude der Zukunft« lang. Darunter liegt das Rechenzentrum für 170 Sparkassen und Banken sowie für 63.000 Geldautomaten in zwölf Ländern. Es ist ein »nonterritorriales Büro« – unter den Wellen gibt es für die 1.800 Mitarbeiter keinen festen Arbeitsplatz. Der muss und darf jeden Morgen wieder neu gefunden werden. Oben rechts auf der Luftaufnahme sieht man das benachbarte Gebäude der norddeutschen Landesbausparkasse LBS.

Bei »den Bausparern« auf dem Kronsberg sorgen eine gläserne Klimahülle mit Sonnenkollektoren und Kühldecken für angenehmes Klima. Fünf Innenhöfe bieten Platz für Baum, Strauch und mediterranes Flair.

Die Expo ging, der Kronsberg blieb. Hannover nutzte die Chance, am Rande eines Landschaftsschutzgebietes zwischen Weltausstellungsgelände und Bemerode ein ganzes Stadtviertel neu anzulegen. Das Expo-Thema, der schonende Umgang mit natürlichen Ressourcen, ist hier im Städtebau verwirklicht worden.

Oben: Blick aus dem neuen Spielhaus auf den Spielplatz an der Feldbuschwende.

Links: Das Wohnprojekt Habitat überzeugt nicht nur mit durchdachten Architekturdetails und schönen Stadträumen. Ein Schwerpunkt des Projekts liegt auf dem Zusammenleben von deutschen und Migranten-Familien.

Herz des Kronsberg-Viertels ist das Stadtteilzentrum KroKus mit angrenzendem Einkaufs- und Ärztezentrum sowie diversen Restaurants.

Unten: Quartierpark Mitte. Die besondere Wohnqualität des Viertels entdeckt man erst, wenn man die Erschließungsstraßen verlässt und sich die herausragend gestalten Innenhöfe der Wohnblocks erläuft.

1998 bezogen die ersten Bewohner das Kronsberg-Viertel, Hannovers größte Stadterweiterung nach dem Wiederaufbau. Zu Expo-Zeiten lebten schon etwa 7.000 Menschen hier. Langfristig sind 6.000 Wohneinheiten für 15.000 Bewohner geplant.

Oben: Diese Wohnanlage zeichnet sich durch eine Mikroklimazone zwischen den Wohnzeilen aus. Verschiebbare Holzpanele sorgen für individuellen Sonnenschutz.

Das Wohnprojekt Habitat ist besonders kinderfreundlich gestaltet. Die Kindertagesstätte 1 hat Architekturpreise gewonnen. Die Baumallee zwischen Wohnviertel und dem angrenzenden Landschaftsraum ist Teil des »Grünen Rings«.

Seiten 156/157: Nur der Südschnellweg durchschneidet die Leinemasch mit den Ricklinger Kiesteichen, im Volksmund auch »Ricklinger Seenplatte« genannt. Hier wurde einmal Kies für die Bauindustrie ausgehoben; schon 1953 erklärte man die Wasserflächen zum Landschaftsschutzgebiet.

Seite 158: Auf dem Gelände der in Konkurs gegangenen Wollkämmerei Döhren entstand in den 70er-Jahren unter Einbeziehung der alten Werkssiedlung »Döhrener Jammer« ein neues Wohnquartier, das sich bis zur Hildesheimer Straße erstreckt. Bis dahin war die letzte Leineinsel Hannovers vollgepackt mit Produktions- und Lagerhallen. Heute gruppiert sich eine gehobene Wohnanlage mit Eigentumswohnungen um einen schilfbewachsenen Teich, umgeben von der Leine und den Maschauen.

Seite 159: Nicht weniger gut ist die Lage im Seelhorster Garten. Hier wurde entlang eines künstlichen Wasserbiotops mit einer Mischung aus freistehenden Einfamilienhäusern und Geschosswohnungen in Form von Stadtvillen ein attraktives Wohnquartier geschaffen. Der Seelhorster Forst liegt gleich vor der Haustür.

Vor über 20 Jahren entstand die als »bedeutendstes Pionierprojekt des ökologischen Bauens« gefeierte Grasdachsiedlung »Laher Wiesen«. Ein wegbereitendes Gemeinschaftsprojekt mit ökologischem Anspruch, geplant von den Architekten Hermann Boockhoff und Helmut Rentrop. Die ursprünglich angesetzten Baukosten konnten zwar nicht gehalten werden, aber das Experiment gelang.

Heute sind die dämmenden Grasschichten auf den 72 Häusern noch dicker geworden. Üppiges Grün umschmiegt die gemütlichen Holzhäuser. Grüner kann man in Hannover nicht wohnen.

Rechts: Bauunternehmer Lorenz Hansen ist in der Ökosiedlung aufgewachsen und lebt heute mit Frau Dorothee und den zwei Kindern in einem der Gartenhofhäuser. Den Ausblick von ihrem Hausfirst über die Siedlung nutzen die beiden aber nur selten.

Unten: Wilfried und Beate Luschnat zogen mit ihren Kindern erst vor ein paar Jahren in die Grasdachsiedlung und sind glücklich hier.

Der Mittellandkanal verbindet Berlin mit dem Ruhrgebiet. 30 Kilometer führt er durch Hannover, beidseitig mit Radwegen erschlossen. Alle Gewässer der Stadt, auch die Kanäle, haben heute die »natürliche« Wassergüteklasse II und sind also zum Baden bestens geeignet.

Im Zuge der Kanalverbreiterung wurden 23 moderne Brücken gebaut und die Neugestaltung der Uferanlagen vorangetrieben. Unten ein Blick durch die Brücke am Lister Bad auf das neue Bürocenter am Yachthafen.

Hannover ist eine Stadt am Wasser, viele haben das nur noch nicht bemerkt. Die Jungs baden im Leineabstiegskanal bei Ahlem, die Motorjacht tuckert gemütlich durch den dschungelgesäumten Stichkanal bei Misburg.

1928 wurde die Hindenburgschleuse als modernste und größte Schleuse der Welt gefeiert. Sie überwindet 15 Höhenmeter des Mittellandkanals nach Osten und bietet Schleppverbänden bis zu 250 Metern Länge Platz.

Dass wir Hannoveraner den Reichtum an Wasserufern noch nicht so recht wahrgenommen haben, liegt vielleicht daran, dass nur wenige Wasserflächen vom Auto aus zu sehen sind. Vom Fahrrad und aus der Luft ist der Wasserreichtum unserer Stadt unübersehbar.

Links oben: Badeidylle am Leineabstiegskanal in Limmer.

Unten: Blick aus dem Ausflugsdampfer »Wappen von Hannover« am Schwarzen Bär, Kanupolo im Leinekanal bei Limmer und Schlauchbootabenteuer an der Limmer Schleuse.

Rechts: Idyllisch gelegen und versteckt im Niemandsland der Mergelgruben – der Yachthafen Misburg.

1972 im Jahr der Olympischen Spiele von München erbaut, ist das Stadionbad im Sportpark das größte und zentralste der städtischen Bäder. Unter der riesigen Dachmuschel können große und kleine Schwimmer auf 50 Metern Länge ihre Bahnen ziehen.

Das Lister Bad gehört zu Hannovers beliebtesten Freibädern und wird an heißen Tagen von bis zu 10.000 Besuchern genutzt. Der Gang auf den Turm mit dem 10-Meter-Sprungbrett erfordert eine Portion Mut, aber belohnt auch mit einer herrlichen Aussicht beim Salto.

Die Planungen laufen auf Hochtouren: Hier soll auf dem alten Industriegelände der Conti die Wasserstadt Limmer entstehen.

Wo die Gilde einst hannöversches Bier braute, wichen die Gebäude, Türme und Silos für das flüssige Gold dem neuen Bedürfnis der Menschen nach urbanem (und eigenen) Wohnraum mit Garten. Die Architekten Hübotter Senior & Junior entwarfen ein Dorf aus leuchtend rotem Klinker mitten in der Stadt. Zu Füßen der kalten Bausünde Ihme-Zentrum aus den 70er-Jahren haben sich vor allem junge Familien ihre Idylle im Gilde Carré erworben. Zusätzlich sind hier Mehrfamilienhäuser für modernes Zusammenleben der aktiven Generation 50+ entstanden.

Eine bunte Mischung aus Wohnen, Arbeiten und Freizeit prägt heute das Ahrberg-Viertel. In der ehemaligen Wurstfabrik in Linden-Süd entstand in den Jahren 1997 bis 2001 ein Paradebeispiel der erhaltenden Erneuerung von Industriebrachen. Multikulturelles Zusammenleben wird groß geschrieben. Neben attraktivem Wohnraum bringen ein galizischer Club, ein spanisches Restaurant, Supermarkt, Kindergarten, Werbeagenturen und Ingenieurbüros neues Leben in die Wurstfabrik.

Oben: Der Ziegelschornstein des alten Kesselhauses hat zwar ausgedient, aber er überragt immer noch stolz das Viertel.

Mitte: Die alte Bettfedernfabrik im Herzen des Quartiers dient heute als Ideenschmiede. Hier hat die agsta, Planer des Ahrberg-Viertels, ihre Büros.

Unten: Wohnen und Spielen im ehemaligen Speicher für Holzspäne der Räucherei.

Seite 175: Wohnen unterm Himmelszelt. Die Malerin Ulrike Hirsch verbindet unter diesem Glasdach Wohnen und Arbeiten.

»Bed by night« heißt ein hannoversches Projekt für Straßenkinder, das der Architekturprofessor Han Slawik 1996 plante. Aus 19 ausgedienten, aufeinandergestapelten Seecontainern entstanden neben einem ehemaligen Bunker an der Celler Straße zweigeschossige Notunterkünfte. Zum Schutz gegen Witterungseinflüsse wurden sie mit einer transparenten Hülle aus Industrieglas umgeben. Das Projekt wurde auf der Architektur-Biennale in Venedig präsentiert.

Seite 177: Im neuen Wohnviertel auf dem Gelände der ehemaligen Prinz-Albrecht-Kaserne verwandelte Architekt Peter von der Lippe diese ehemalige Panzerwerkstatt in eine Kindertagesstätte.

DEMAG
5000 kg
INFO
INFO

Neben dem WM-Stadion war das Fan-Fest an der Waterloosäule Zentrum des fröhlichen und weltoffenen Patriotismus, den hier bis zu 25.000 Zuschauer vor den Riesenleinwänden feierten.

Seite 179: Im Fußballalltag verteidigt Hannover 96 im 49.000 Menschen fassenden Stadion seinen Platz in der Bundesliga. Das Niedersachsenstadion, seit 1953 Schauplatz sportlicher Dramen rund um den Fußballklub Hannover 96, entstand aus den Trümmern der Bombennächte. Das in AWD-Arena umgetaufte Stadion wurde für die Fußballweltmeisterschaft 2006 mit großem Aufwand modernisiert.

Hannover ist eine Hochburg der Schrebergärten. Die 99 Kleingartenvereine mit ihren 245 Gartenkolonien und 20.000 Mitgliedern sind die größte Volksbewegung der Stadt. Ihren Anfang nahm Hannovers Kleingartenwesen auf dem Lindener Berg.

Oben: Nicht nur Deutsche schätzen die kleine grüne Idylle. Türkische Schrebergärtner teilen den Tee mit ihren Gartennachbarn.

Früher versorgten Kleingärten ihre Pächter mit frischem Obst und Gemüse, heute sind sie Treffpunkte und Rückzugsorte zugleich. Nebenbei verbessern sie das Stadtklima und tragen zu Hannovers bekannt guter Luft bei.

Seit 1985 ist der barocke Große Garten grüner Festsaal und stimmungsvolle Kulisse für das »Kleine Fest im Großen Garten«. Besonders die Kinder lassen sich von den durch märchenhafte Kulissen schwadronierenden Fabelwesen bezaubern.

Auf 32 Bühnen bieten meist Scharen von Künstlern den Gästen Abende mit unvergesslichen Stunden. Masken, Mimen, Musikanten, Gaukler, Puppenspiel, Tanz, Ballade, Clownerie – in stimmungsvoller Atmosphäre wird Kleinkunst vom Feinsten zelebriert. Das Fest ist der sommerliche Publikumsrenner in Herrenhausen. Wer dabei sein will, muss lange vorher buchen.

Es ist gar nicht so einfach, auf den gelb-weißen Feldern des Programmhefts die beste Planung für das Pendeln zwischen den 32 Spielstätten zu treffen. Das Angebot ist für einen Abend einfach zu groß. Krönender Abschluss des fast vierstündigen Programms ist traditionell ein »kleines« Barockfeuerwerk.

Dass die Expo ein Erfolg wurde, verdanken wir all den Menschen, die in wenigen Monaten die kleinen und großen Wunder aufbauten, die wir bestaunen durften. Über Monate war das Expo-Gelände ein globales Arbeiterdorf. Hier arbeiteten jemenitische Handwerker, Zimmerleute aus dem Himalaja, Monteure, Architekten, Computerprogrammierer oft rund um die Uhr. Es war ein Wettlauf mit der Zeit, den sie gewannen. Oft mussten sie schon vor Beginn der Expo abreisen und haben »ihre« Weltausstellung nie gesehen. Ihnen ist diese Seite gewidmet.

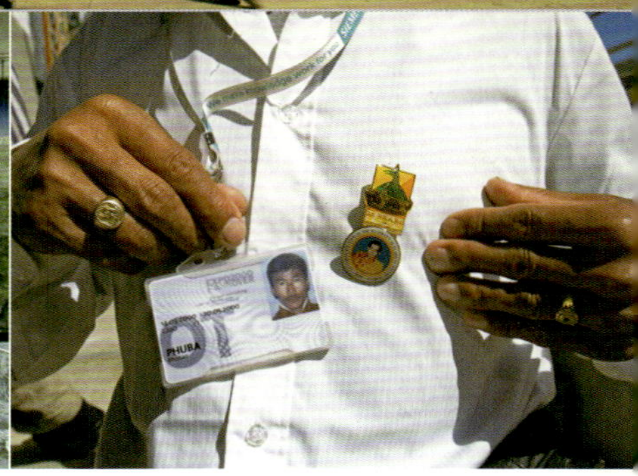

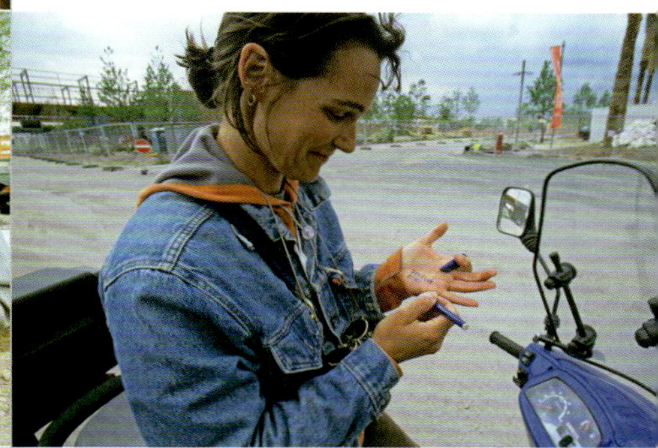

现代 汉德 德汉 词典

Die geniale Holzkonstruktion des Expo-Daches, geplant vom Architekten Thomas Herzog, war eines der Wahrzeichen der Expo. Unter den zehn Schirmen dieses größten Holzbaus der Welt, einer Meisterleistung deutscher Zimmerleute, trafen sich die Expo-Besucher, um ihre müden Füße rasten zu lassen.

Die Architekten und Landschaftsgärtner der Expo schufen bleibende Werte. Die Gärten im Wandel inszenieren Natur von der Steinwüste bis hin zum Feuchtgebiet. Die Exponale mit ihren Lichtstelen überbrückt den Messeschnellweg und verbindet das alte Messe- mit dem neuen Expogelände. Der »Wal« ruht noch immer still am Expo-See.

Die TUI-Arena auf der Expo-Plaza ist Hannovers erste Adresse für sportliche und kulturelle Großereignisse. Am 8. März 2003 verliert Wladimir Klitschko seinen Boxkampf gegen Corrie Sanders in der TUI-Arena durch technischen K. o. vor 14.000 Zuschauern.

Alljährlich treffen sich die Expo-Nostalgiker auf der Plaza zum Revival-Fest. Während der Expo sprühten hier Wasserfontänen aus dem Boden – zum großen Vergnügen der kleinsten Besucher.

Zwischen der ersten Export-Messe im Jahre 1947 (nach dem einzigen Mittagstisch damals auch Fischbrötchen-Messe getauft) und diesem CeBIT-Motiv liegen mehr als 50 Jahre. 1986, als die Industrie-Messe aus allen Nähten platzte, fiel die Entscheidung, die Messe zu teilen. Das war die Geburtsstunde der CeBIT. Seitdem ist sie rasant gewachsen und die Aufgaben mit ihr. Der alljährliche Ansturm auf die Messehallen ist nur mit einer perfekten Organisation zu schaffen. Klaus Güntheroth (Mitte) sorgt für pünktliche Lieferungen und Rolf Schwichtenberg (links) für volle Mittagsteller.

Die CeBIT bekam ihren Namen lange bevor »Bytes« und »Bits« in aller Munde waren. Schon 1969 wurde der Elektroniksparte in Halle 1 ein Zuhause zugeteilt, das »Centrum für Büro- und Informationstechnik« CeBIT – 16 Jahre bevor sie eine eigenständige Messe wurde. Jörg Schomburg (rechts) auch »Mr. CeBIT« getauft, war einer der Geburtshelfer. Heute sitzt er häufig auf dem Koffer, denn die CeBIT ist nicht nur eine der 30 bekanntesten Marken in Deutschland, sie wird auch erfolgreich exportiert.

Passagierflugzeuge müssen in kurzen Intervallen gewartet werden. Bei der Hapagfly geschieht das meist in Hannover. Servicemechaniker schieben eine mehrstöckige Arbeitsbühne an einen Airbus. Der Anblick dieser Maschinen wird hier allerdings selten werden, denn Hapagfly steigt auf Boeing um.

Selbst das Ersatztriebwerk erscheint winzig, wenn ein Airbus in den riesigen Hangar am Airport Hannover geschoben wird. Am nächsten Morgen soll die Maschine wieder Passagiere in den Süden fliegen. Eine Luke unterhalb des Rumpfs bietet Einblick ins Gehirn einer Boeing, in das Computerzentrum. Hier spielt gerade ein Ingenieur neue Software auf.

Der Flughafen scheint nach einer Flaute wieder auf Erfolgskurs. Die Passagierzahl stieg 2004 auf über fünf Millionen, damit liegt Hannover auf Platz 8 in der Werteskala der 18 deutschen Flughäfen. Sein Potenzial hat der Flughafen noch nicht ausgereizt: Acht Millionen Passagiere könnten jährlich abgefertigt werden. Vom Tower aus kontrollieren die Fluglotsen die ankommenden Maschinen mit dem Fernglas.

Seite 199: Die russische Antonow-An-124 ist das größte Transportflugzeug der Welt, selbst ein Jumbo wirkt daneben klein. Diese Maschine brachte im Jahr 2000 echte Palmen und Wüstensand aus Saudi-Arabien zur Expo.

HANNOVER

Ob nun Ex-Oberbürgermeister Schmalstieg, Ballettmeister Stefan Thoss, die Tischlerin Leena mit Rastalocken, der unbekannte Feuerwehrmann oder der verzweifelte Fußballfan, sie alle machen Hannover aus. Andere Hannoveraner auf dieser Seite: Dokumentarfilmerin Katja Baumgarten am Mac in ihrem Lindener Hinterhof – Peter Pomian macht »Straßenkino« – Malerin Gina Gass in ihrem Atelier im Faust – Schriftsteller Heiko Postma in seinem Schreibzimmer – chinesische Studentin in der TU – Desimo vor seiner Hausbühne, dem Apollo-Kino – Anke Biedenkapp hinter dem Windrad organisiert StattReisen und den Reisepavillon – Vater und Sohn: die Neurochirurgen Samii – Bischöfin Margot Käßmann – Carola Czempik vor ihrem Blumenladen »Rosenstolz« – Ruth Hübotter in ihrem wunderschönen Garten in Kirchrode – das Ehepaar Hasselbring handelt mit Wein – Herbert Schmalstieg vor dem Backofen – das Theaterensemble »fensterzurstadt« – Iyabo Kathschmarek vom »Wohnatelier« und Jessica beim Rockkonzert ihres Vaters in der »Grotte«.

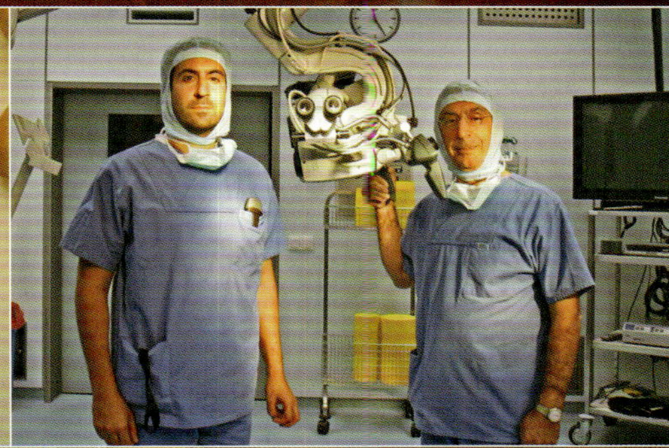

Senf

Autoren

KARL JOHAENTGES

wurde 1948 in Daun in der Eifel geboren. 1976 verschlug ihn das Architekturstudium nach Hannover. Nach einer fünfjährigen Tätigkeit als Architekt startete er 1981 (»Jetzt oder nie!«) zu einer dreijährigen Weltreise. Seinen »architektonischen und fotografischen Wanderjahren« folgte 1985 ein im eigenen KaJo-Verlag veröffentlichter erster Bildband »Bilder einer Weltreise«. Seitdem fotografierte und verlegte er zusammen mit seiner australischen Frau Jackie Blackwood eine angesehene Bildbandreihe, von der drei Bände mit dem Kodak-Fotobuchpreis ausgezeichnet wurden. Um sich wieder verstärkt der Fotografie widmen zu können, verkaufte er 1996 seine Reisebildband-Reihe an das Stürtz-Verlagshaus Würzburg. Im eigenen KaJo-Verlag erschienen seitdem nur noch regionale Bildbände.

Karl Johaentges fotografierte bislang über 25 Bildbände. Neben diesem Buch erschienen 2005 auch zwei weitere Bildbände: »Mythos Shanghai« (Collection Rolf Heyne) sowie »Chinas Heilige Berge« (Frederking & Thaler). Seine Reportagen und Bilder wurden in Magazinen wie Stern, Geo Saison, Spiegel und Merian veröffentlicht. Arbeitsschwerpunkte sind Reisefeatures, Reportage und werbliche Aufträge, wie Architekturfotografie und Unternehmensportraits.

1990 gründete er mit 18 weiteren Fotografen die Bildagentur der Fotografen – LOOK – in München. Im Mai 2003 wurde er in den Bundesvorstand von FreeLens (Berufsverband der Fotojournalisten) gewählt. Mehr über KaJo erfahren Sie auf seiner Homepage: www.kajofoto.de

UDO IWANNEK

wurde 1956 in Hannover geboren, wuchs in Oberricklingen auf, machte 1977 sein Abitur auf der IGS Roderbruch und studierte an der Universität Hannover Geschichte, Politik und Soziologie. Ab 1984 begann er, als freier Journalist für die Hannoversche Wochenzeitung NANA und später für die Hannoversche Allgemeine Zeitung zu schreiben. Es folgten Veröffentlichungen unter anderem in TransAtlantik, Konkret, Deutsches Allgemeines Sonntagsblatt und der Frankfurter Allgemeinen Zeitung. 1989 schrieb Udo Iwannek den Text für Karl Johaentges' Fotoband »Unter Hannovers Dächern« und drehte zusammen mit dem hannoverschen TV-Produzenten Media Contact Fernsehreportagen für die Deutsche Welle. 1993 machte er sich mit einem Büro für Öffentlichkeitsarbeit selbstständig und betreute niedersächsische Unternehmen im Bereich Umwelttechnik. Von 1996 bis 2000 arbeitete Udo Iwannek in der Pressestelle der Expo 2000 Hannover GmbH, die die Weltausstellung organisierte. Dabei war er unter anderem Pressesprecher der Tennisweltmeisterschaft, die die Expo in Hannover 1998 und 1999 veranstaltete. Er begleitete den Aufsichtsratsvorsitzenden der Expo, Helmut Werner, zu zahlreichen Vorträgen und Werbeauftritten im In- und Ausland. Seit September 2001 ist Udo Iwannek Pressesprecher der üstra Hannoversche Verkehrsbetriebe. Udo Iwannek lebt in Linden-Nord.

MICHAEL NARTEN,

geboren 1964 in Hannover, wuchs in Limmer und Linden-Nord auf. Seit 1981 arbeitet er im Werbe- und Marketinggeschäft als Grafiker und Art-Director. Zunächst war er für verschiedene Agenturen in Hannover und Hamburg tätig, vorwiegend im B-to-B-Geschäft. Ende der neunziger Jahre machte er sich selbstständig. Die Umsetzung komplexer Inhalte in gut strukturierte Druckobjekte bildet heute einen zentralen Arbeitsschwerpunkt. Sein Interesse an guter Typographie, künstlerischer Grafik und der Entwicklung flexibler Gestaltungsraster führte in den letzten Jahren auch zur Gestaltung von verschiedenen Büchern. Michael Narten wohnt und arbeitet in der List. In der Freizeit streift er gern durch »seine Stadt« Hannover und beschäftigt sich intensiv mit ihrer Geschichte.

Nachwort des Fotografen

Im Berufsleben als Architekt war mein Griff zur Kamera eher zufällig. Seitdem ich vor fünfzehn Jahren zusammen mit Udo Iwannek über und unter Hannovers Dächern stöberte, habe ich mich fotografisch mit meiner neuen Heimatstadt Hannover (in der ich seit 1976 lebe) zunehmend professionell auseinandergesetzt. Dies ist nun mein viertes Hannover-Buch. Über die Jahre hatte sich in meinem Diaarchiv viel Bildmaterial angesammelt, und im Hinterkopf entstanden viele Bildideen, die ich über die Jahre in einer Liste erfasste – für den Fall, dass ich mal wieder ein Hannover-Buch fotografieren würde. 2005 war es so weit.

Vom erlernten Beruf her ist mir die Liebe zur Architekturfotografie geblieben. Beim Umstieg von der Architektur in die Fotografie war es zudem sehr hilfreich, dass beide Berufe in ihrer Sichtweise und Sehpraxis sehr verwandt sind. Beide übersetzen Räume in Fläche, pendeln ständig zwischen Zwei- und Dreidimensionalität, zwischen Raumideen und Plan oder zwischen Mattscheibe bzw. Ausdruck und abzubildendem Raum. Wie mache ich Räume erfassbar?

Als Hobbyfotograf lag mein Schwerpunkt auf dem Fotografieren von Menschen. Daraus erwuchs die Leidenschaft zu reisen, die Neugier, immer wieder fremde Menschen und Kulturen kennen zu lernen und abzubilden. Das habe ich über die Jahre zu meinem Beruf gemacht. Auch diese Leidenschaft ist mir geblieben und findet in meiner Arbeit Ausdruck. Mit dem Portrait eines Menschen möchte ich meist auch etwas über sein Umfeld erzählen. Menschenleere Architekturaufnahmen versuche ich zu vermeiden, irgendwo muss noch ein Mensch durchs Bild wischen, als Maßstab sozusagen. Denn die Messlatte für gute Architektur ist der Mensch, wer sonst.

Nach zwei Luftbildbänden hatte ich natürlich auch reichlich Übung in diesem Metier. Ich betrachte die Luftfotografie wie die klassische Landschaftsfotografie, der Horizont ist wichtiges Bildelement. Steil nach unten fotografiere ich eher selten. Und wenn man sich dann nach detaillierten Wetterrecherchen den richtigen, besonders klaren Tag ausgesucht hat, dann entstehen wie von selbst wunderschöne Bilder.

Die meisten der 450 Fotos dieses Bandes – von Ausnahmen abgesehen – entstanden in den Jahren seit der Expo, davon wiederum sehr viele im Sommer 2005. Einige der Fotos entstanden sogar – sehr zum Schrecken von Grafiker Michael – erst Ende Oktober, genau genommen: Tage vor der Drucklegung und nur Wochen vor der Auslieferung. Aber er hat auch diese Herausforderung gemeistert.

Die Mehrzahl der Abbildungen dieses Bandes ist digital fotografiert. Seit 2003 arbeite ich mit einer 11-Millionen-Pixel-Kamera, ab 2005 sogar mit 17 Millionen Pixelpunkten. Da meine digitale Spiegelreflexkamera dem analogen Kameragehäuse zum Verwechseln ähnlich sieht und auch alle verwendeten Objektive ohne Einschränkungen passen, war die Umstellung einfach und erlaubte zunächst paralleles Arbeiten mit beiden Bildmedien. Anfang 2005 verschenkte ich meine letzten Filme an Freunde. Die erreichte digitale Qualität der neuen Pixel-Flaggschiffe ist überwältigend gut. Sie verbindet die Abbildungsschärfe einer Mittelformatkamera mit den Vorteilen wesentlich handlicherer Kleinbildkameras, wie Schnelligkeit und lichtstärkere Objektive. Die doppelseitigen Luftbilder wären in dieser Schärfe analog kaum möglich gewesen.

Meinen Gedanken zur Fotografie möchte ich mein Dankeschön hinzufügen. Allen Privatpersonen, Promis wie »Normalbürgern«, die geduldig vor meiner Kamera ausharrten, ein herzliches Dankeschön. Dank auch an die Verantwortlichen von Unternehmen und Behörden, die mich meist auf dem kurzen Dienstweg unter ihre Dächer gelassen haben.

»Thanks!« an meine Frau Jackie, der Hannover zur zweiten Heimat geworden ist, und die es auch nach 20 Jahren immer noch an meiner Seite aushält. Ihre Unterstützung und Kritik möchte ich nicht missen. Ebenfalls ein großes Dankeschön an Manfred Schmidt, meinen langjährigen Mitarbeiter, für all seine Anregungen, Korrekturen und Tipps bei diesem Projekt. Nicht zuletzt Dank an Udo für seinen leidenschaftlichen persönlichen Text unserer gemeinsamen Liebeserklärung. Und an Michael für sein ebenso einfühlsames wie leidenschaftliches Arbeiten mit meinen Bildern. Mit Fotografen Bücher zu gestalten, ist nicht einfach. Da muss die Chemie stimmen und das Bildverständnis. Viele Fotos stehen besser allein auf einer Seite, andere wirken am besten in Serie oder im Kontext mit anderen. Michael hat meine Bilder in seinem sehr durchdachten Layout noch eindrucksvoller zur Wirkung gebracht.

Karl Johaentges

Dank

16 Jahre nach dem gemeinsamen Buch »Unter Hannovers Dächern« wieder mit Karl Johaentges auf Entdeckungsreise durch die eigene Stadt zu gehen, war ein Unternehmen, für das ich Karl sehr dankbar bin. Sein Angebot an mich, das »neue Hannover« zu beschreiben, welches mit der Jahrtausendwende an vielen Orten entstanden ist und noch entsteht, hat mich sofort gereizt – aus vielen Gründen. Ich hatte Lust, über meine Erfahrungen beim Abenteuer Expo zu schreiben, wo ich von 1996 bis zum Ende im Inneren dieses großen Zirkus dabei war. Ich erinnerte mich der frühen siebziger Jahre, als meine Stadt und meine Generation in eine neue Zeit aufbrachen. Es juckte mich, den Hannover-Miesmachern aus manchen arroganten Redaktionen in München, Hamburg und Berlin vor ihr Schienenbein zu treten. Und ich wollte meiner Heimatstadt eine glaubhafte Liebeserklärung machen.

Dankbar bin ich auch meinem Arbeitgeber, der Üstra, die mir erlaubt hat, mich nebenbei als Buchautor zu betätigen. Erinnerungen und Betrachtungen, wie sie mein Text enthält, sind immer subjektiv und individuell. Nur der eigene und deshalb beschränkte Blickwinkel – keine böse Absicht – hat mich manches übersehen lassen, das auch in den Text gehört hätte.

Bei der Niederschrift, insbesondere der Erinnerungen an die Expo, habe ich mich in Dankbarkeit an Helmut Werner (1936 bis 2004) erinnert, den großen Freund der Stadt Hannover. Gewidmet ist mein Beitrag zu diesem Buch Annegret Schnittger, Gefährtin meines Lebens seit 25 Jahren.

Udo Iwannek

Impressum

HANNOVER
IST DIE SCHÖNSTE STADT DER WELT

Die Deutsche Bibliothek verzeichnet diese Publikation in der Deutschen Nationalbibliografie; detaillierte bibliografische Daten sind im Internet über »http://dnd.ddb.de« abrufbar.

Fotonachweis: Seiten 7 und 8 Üstra-Archiv, Seite 23 links Michael Narten, Seite 203 Nicole Funck, alle weiteren Fotos sind von Karl Johaentges.

2. Auflage – Hannover: KaJo-Verlag 2007

ISBN 3-925544-29-1

Fotografie: Karl Johaentges
Text: Udo Iwannek
Gestaltung: Michael Narten
Korrekturen: Nicole Funck, Christa Bade, Ortrud Brinkmann, Eva Sagurna
Litho und Satz: Michael Narten
Druck: Benatzky. Hannover

Printed in Germany

KONTAKT
KaJo-Verlag
Lichtenbergplatz 1, 30449 Hannover
Telefon 0511 456 200, Fax 0511 454 379
www.kajofoto.de